은정희 교수의 대승기신론 강의

불교총서 10
은정희 교수의 대승기신론 강의

지은이	은정희
펴낸이	오정혜
펴낸곳	예문서원
편 집	송경아
인 쇄	주) 상지사 P&B
제 책	주) 상지사 P&B
초판 1쇄	2008년 4월 26일
초판 4쇄	2013년 2월 28일
주 소	서울시 성북구 안암동 4가 41-10 건양빌딩 4층
출판등록	1993. 1. 7 제6-0130호
전화번호	925-5913~4 / 팩시밀리 929-2285
Homepage	http://www.yemoon.com
E-mail	yemoonsw@empas.com

ISBN 978-89-7646-237-4   93150
ⓒ 殷貞姬 *2008 Printed in Seoul, Korea*

YEMOONSEOWON #4 Gun-yang B.D. 41-10 Anamdong 4-Ga, Seongbuk-Gu
Seoul KOREA 136-074   Tel) 02-925-5913~4, Fax) 02-929-2285

값 10,000원

불교총서 10

은정희 교수의 대승기신론 강의

은정희 지음

예문서원

책을 펴내며

『원효의 대승기신론소·별기』(일지사)의 역주서를 낸 지 벌써 18년의 세월이 흘렀다. 그 동안 많은 독자들의 사랑으로 14쇄까지 나오게 된 것에 송구한 마음을 금할 수 없었다. 이에 대한 보답으로 언젠가는 전공학자가 아닌 일반 독자에게도 다가갈 수 있는 책을 내어야 한다는 일종의 강박감까지 가지고 있었다. 그러던 차에 동학 김미영 교수(서울시립대 철학과)의 권유로 작업을 시작하게 되었고, 부족하나마 이번 기회에 세상에 내어놓게 되었다. 이 책을 쓰면서 18년 전 역주서를 낼 때에 비해 『기신론』에 대한 이해가 더 깊어졌음을 느낀다. 이것을 책의 면면에 반영하느라 나름대로 최선을 다했으나 과연 독자의 반응이 어떨지 걱정되기도 한다. 미진한 부분이 있다면 앞으로도 계속 개선해 나갈 생각이다. 또 이를 계기로 이전에 내놓았던 『원효의 대승기신론소·별기』도 더욱

엄밀하게 다듬어 전공자들 앞에 내놓아야겠다는 결심도 하게 되었다.

이 책의 내용은 크게는 다음 두 부분으로 구성되어 있다. 앞부분은 원효의 삶과 학문 그리고 『대승기신론』에 대한 전반적인 이해를 돕기 위해 개괄적인 설명을 했다. 이것은 『원효의 대승기신론소·별기』 역주서의 해설편 내용에 그 동안 발표한 논문과 2007년 6월에서 11월까지 「법보신문」에 연재했던 대승기신론강의 내용을 추가 보충하여 새롭게 정리한 것이다. 뒷부분은 『기신론』 본문을 충실하게, 그러나 좀 더 평이하게 번역하면서 내용의 이해를 돕기 위해 원효의 주석을 곁들여 설명하였다. 그래도 추가적인 설명이 필요한 부분은 해설을 덧붙였다.

이번 작업에 김미영 교수, 김원명 박사(한국외대 철학과 강사), 염명수 선생(강원대 철학과 강사), 현계순 박사(전 성신여대 강사), 오재은 선생(이화여대 물리학과 졸업), 서세영 양(한국외대 철학과 석사과정) 등이 참여하여 많은 힘을 보태준 것에 깊이 감사드린다. 끝으로 이 책의 출판을 기꺼이 맡아주신 예문서원과 편집부 여러분에게 심심한 감사의 마음을 전한다.

 이 책의 출간을 계기로 『기신론』에 대한 이해와 관심이 더해져, 불법에 대한 믿음과 수행에 많은 진전이 있기를 빌어 마지 않는다.

2008년 2월
동숭동 우거에서
은정희

차례……

책을 펴내며 _ 5

一. 원효의 삶과 사상 _ 13

  1. 밤나무 밑에서 태어난 아이, 당대의 고승들을 만나다 _ 14
  2. 당을 향한 발걸음, 다시 고국으로 되돌리다
     - 마음이 멸하니 땅막과 무덤이 둘이 아니더라 _ 17
  3. 대·소승, 경·율·논을 망라한 저술활동 _ 18
  4. 무애박을 두드리며 대중 속으로
     - 인류의 영원한 구제를 염원하다 _ 21

二. 『대승기신론』 해제 _ 25

  1. 『대승기신론』의 성격 _ 26
  2. 『대승기신론』의 구조 _ 34
  3. 『대승기신론』의 제명 _ 38
  4. 『대승기신론』의 대의 _ 41

三. 대승기신론 강의 – 기신론 원문 중심으로 번역 및 해설 _ 45

【귀경게】_ 46

Ⅰ. 인연분 _ 48

Ⅱ. 입의분 _ 53

　Ⅲ. 해석분 _ 55

　1. 대승의 바른 뜻을 드러냄(顯示正義) _ 55

　　1) 먼저 뜻을 풀이함 _ 55

　　　(1) 법을 해석함(法章門) _ 55

　　　　가. 심진여문 _ 56

　　　　나. 심생멸문 _ 62

　　　　　① 염정생멸 _ 62

　　　　　　i) 심생멸 _ 62

　　　　　　　· 각의 _ 67

　　　　　　　· 불각의 _ 80

ii) 생멸인연 _ 88
- 오의와 의식 _ 89
- 육염과 이애 _ 94

iii) 생멸상 _ 100

② 염정훈습 _ 103

i) 염법훈습 _ 105

ii) 정법훈습 _ 107

(2) 뜻을 해석함(義章門) _ 115

가. 체상 이대의 뜻을 나타냄 _ 115

나. 용대의 뜻을 나타냄 _ 117

2) 진여문에 들어감 _ 121

2. 사집을 대치함(對治邪執) _ 123

1) 인아견 _ 124

2) 법아견 _ 127

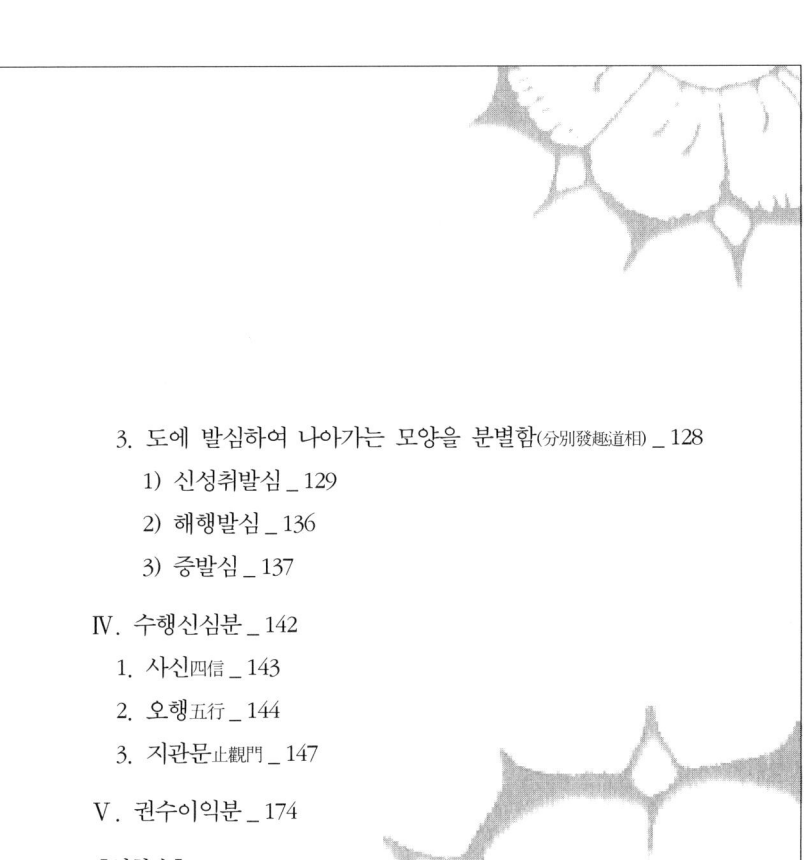

3. 도에 발심하여 나아가는 모양을 분별함(分別發趣道相) _ 128
   1) 신성취발심 _ 129
   2) 해행발심 _ 136
   3) 증발심 _ 137

Ⅳ. 수행신심분 _ 142
   1. 사신四信 _ 143
   2. 오행五行 _ 144
   3. 지관문止觀門 _ 147

Ⅴ. 권수이익분 _ 174

【회향송】 _ 178

一. 원효의 삶과 사상

1. 밤나무 밑에서 태어난 아이, 당대의 고승들을 만나다

원효는 신라에 불교가 공식적으로 전래된 지 1백여 년 만에 나타난 우리나라 역사상 가장 탁월한 불교사상가이자 학자, 사회지도자였다. 그는 신라 26대 진평왕 39년(AD 617)에 현재의 경북 경산군 자인면에 해당하는, 당시 압량군押梁郡 불지촌佛地村의 밤나무 밑에서 설잉피공薛仍皮公의 손자이자 담날내말談捺乃末의 아들로 태어났다. 『삼국유사』에 의하면 어머니가 원효를 잉태할 때 유성이 품으로 들어오는 꿈을 꾸고 임신하였으며, 낳을 때에는 오색의 구름이 땅을 덮었다고 한다. 그의 아명兒名은 서당誓幢이다. 1915년 경주 동북방東北方의 월성군月城郡에서 발견된 단석비편斷石碑片에서도 그를 '서당화상誓幢和尙'이라 했다. '당幢'이란 속어로 '털'이라는 뜻이므로 서당은 '새털'이라는 의미이다. 이는 어머니가 그를 잉태하고 달이 찼을 때 집 근처의 밤나무 밑을 지나다가 갑자기 해산하게 되었는데, 창황 중에 남편의 털옷을 밤나무에 걸고 그 밑에 자리를 마련하여 아기를 낳은 데서 얻어진 이름이라고 한다.

『송고승전宋高僧傳』에서는 그의 나이 10여 세에 벌써 출가하여 선지식을 찾아 학업을 닦았다고 한다. 그는 남달리 영특하여 나중에 불법佛法의 오의奧義를 깨달음에 있어서는 특정한 스승에 의존하지 않았던 것 같다.

『삼국유사』 '낭지승운조朗智乘雲條'에는 다음과 같은 내용이 있다. 원효가 반고사磻高寺에 머물며 수학할 때, 영취산靈鷲山 혁목암赫木庵의 낭지朗智가 그에게 『초장관문初章觀文』과 『안신사심론安身事心論』을 쓰게 하였다. 원효가 글을 지어 낭지의 제자 지통智通을 통해 전달하면서 그 글 끝에 "서쪽 골의 사미 원효는 동쪽 봉우리의 상덕 고암(지통) 앞에 머리 숙여 예배합니다"(西谷沙彌稽首禮東岳上德高岩前)라고 하여 자신을 사미라고 낮추고 낭지를 상덕이라 높인 것을 볼 수 있다. 이것을 볼 때, 원효가 낭지에게서 사사하였거나 그를 학덕 높은 노화상으로 존경하였던 것 같다. 지통은 『추동기錐洞記』를 쓴 고승인데 고승인 낭지에게 사사했다고 한다.(낭지의 제자 고암[지통]에게 쓴 편지이지만 사실은 낭지를 지칭한다) 한편 고려 대각국사大覺國師 의천義天이 남긴 시에 의하면 원효는 의상義湘과 함께 고구려 고승으로서 백제 땅 전주 고대산孤大山으로 옮겨간 보덕화상普德和尙의 강하講下에서 『열반경』과 『유마경』 등을 배웠다고 한다. 또한 『삼국유사』의 「석혜공전釋惠空傳」에는 원효가 혜공에게

문학問學한 사실이 보인다. 즉 당대의 신승神僧 혜공이 만년에 항사사恒沙寺에 있을 때 원효가 여러 불경의 주소를 찬술하면서 어려운 문제가 있을 때에는 언제나 혜공에게 가서 질의하였다는 것이다.

더 이상의 기록이 없는 상태에서 확언할 수는 없으나 그의 저술에 나타나는 인용문을 통하여 그가 불교학 전반뿐만 아니라 『논어』 같은 유가서와 『노자』·『장자』 같은 도가서도 두루 섭렵하고 통달하였음을 알 수 있다. 따라서 광범위한 분야에 걸친 그의 수학 경력을 짐작할 수 있다.

2. 당을 향한 발걸음, 다시 고국으로 되돌리다
―마음이 멸하니 땅막과 무덤이 둘이 아니더라

원효는 34세에 당나라의 현장玄奘(602~664)에게 유식학唯識學을 배우려고 의상과 함께 요동까지 갔다가 그곳의 순라군에게 첩자로 몰려 여러 날 갇혀 있다가 겨우 풀려나 돌아왔다. 45세에 두 번째로 역시 의상과 함께 이번에는 해로海路를 통해 입당하기 위해 백제 땅의 항구로 가는 도중 비 오는 밤길에 어느 땅막(土龕)에서 자게 되었다. 아침에 깨어 그곳이 땅막이 아닌 오래된 무덤임을 알았지만 부득이 또 하룻밤을 더 지내다가 귀신의 동티를 만나 심법心法을 크게 깨치게 되었다. "곧 마음이 일어나므로 갖가지 현상이 일어나고 마음이 멸하니 땅막과 무덤이 둘이 아님을 알았다."(『宋高僧傳』,「義湘傳」, "則知心生故種種法生, 心滅故龕墳不二.") 이에 원효는 더 이상 입당入唐 유학의 필요성을 느끼지 않아, 당으로 향하던 발걸음을 홀로 되돌려 곧바로 되돌아와서는 저술과 대중교화에 몰두하였다.

3. 대·소승, 경·율·논을 망라한 저술활동

오늘날 여러 문헌에 의하면 원효의 저서는 107종 231권(또는 70여 부 90여 권)으로 알려져 있다. 연구의 범위도 대승·소승, 경經·율律·논論 등 거의 모든 부분을 망라하고 있어 그야말로 초인적인 학해學解와 저술활동이라 아니할 수 없다. 더욱이 그의 대표 저술이라 할 수 있는 『대승기신론소大乘起信論疏』와 『금강삼매경론金剛三昧經論』에서 보인 탁월한 이해와 견해는 중국의 석학들마저 찬탄과 경이를 아끼지 않을 정도였다.

원효의 저술들을 그 내용에 따라 분야별로 나누어 보면 『해심밀경海深密經』, 『유가사지론瑜伽師地論』, 『섭대승론攝大乘論』, 『중변분별론中邊分別論』, 『잡집론雜集論』, 『성유식론成唯識論』, 『광백론廣百論』 등 유식계통의 경론서에 대한 연구서가 20부 62권으로 가장 많고, 유식학을 논구함에 필수적인 『인명론因明論』, 『판비량론判比量論』 등의 불교논리학에 해당되는 논서에 대한 연구서가 5부 5권, 『대혜도경大慧度經』, 『금강경金剛經』, 『삼론三論』, 『중관론中觀論』, 『장진론掌珍論』, 『성실론成實論』 등 반야

般若와 중관부中觀部의 경론에 대한 연구서가 9부 27권,『대승기신론』에 대한 연구서가 9부 10권,『금강삼매경론』,『대승관행大乘觀行』등 선적禪的인 것에 대한 저술이 4부 15권,『사분률四分律』,『범망경梵網經』,『보살영락본업경菩薩瓔珞本業經』,『발심수행장發心修行章』등 계율사상에 대한 것이 11부 34권,『무량수경無量壽經』,『아미타경阿彌陀經』,『미륵상생경彌勒上生經』,『유심안락도遊心安樂圖』,『반주삼매경般舟三昧經』등 정토사상에 대한 것이 16부 18권, 화엄계華嚴系가 5부 15권, 법화계法華系가 4부 4권, 열반계涅槃系가 2부 7권,『유마경維摩經』에 대한 것이 2부 4권,『승만경勝鬘經』에 대한 것이 1부 3권,『금광명경金光明經』에 대한 것이 2부 9권,『보성론寶性論』에 대한 것이 1부 1권, 그 밖에『방광경方廣經』에 대한 것이 1부 1권,『십문화쟁론十門和諍論』1부 2권,『대승육정참회大乘六情懺悔』1부 1권, 기타 12부 12권 등이다.

이 방대한 저술 가운데 현재 남아 있는 것은 22부 27권이다. 그 가운데 완본完本은『법화경종요法華經宗要』,『열반경종요涅槃經宗要』,『대승기신론소大乘起信論疏』,『대승기신론별기大乘起信論別記』,『금강삼매경론』,『이장의二障義』,『보살계본지범요기菩薩戒本持犯要記』,『미륵상생경종요彌勒上生經宗要』,『무량수경종요無量壽經宗要』,『유심안락도遊心安樂圖』,『발심수행장』,『중도가證道歌』,『대승육정참회』 그리고 소론小論 내지는 짧은 게송 등이 있다. 그 밖에 단편으로 남아 있는『중변분별론소中邊分別論疏』제3권,『화엄경소華嚴經疏』「서序」및 제3권,『십문화쟁론』,『판비량론』등은 매우 중요하다.

4. 무애박을 두드리며 대중 속으로—인류의 영원한 구제를 염원하다

　원효가 학문의 절정기를 맞이했던 시기는 원광圓光과 자장慈藏 등에 의해 신라 호국불교의 정지 작업이 어느 정도 마무리된 후였다. 그러나 여전히 고구려·백제와의 영토 전쟁이 치열해서 "전사들의 해골이 들판에 쌓여 있고, 그들의 몸과 머리가 정계庭界에 흩어져 있는"(『三國史記』, 권6, 「新羅本紀」, 문무왕 9) 혼란스런 때이기도 하였다. 당시 대부분의 승려들은 출세간적인 이상세계만을 추구하느라 중생들의 세간적인 고통을 외면하고 있었다. 이렇게 하기에는 도무지 마음이 편치 않았던 원효는, 『화엄경소』를 쓰다가 결국 붓을 꺾고 저잣거리에 뛰어든다. 그러고는 대중들과 함께 잡담하고 노래하고 춤추며, 심지어는 파계까지 감행하면서 대중교화에 힘썼다. 이것은 처음에 출세간적인 진여眞如의 세계를 추구했던 그가 마침내 세간의 현상적인 것과 출세간의 본체적인 것이 둘이 아님을 깨달은 데서 나온 행동이었다. 이는 그보다 1천3백 년 앞선 시기에 등장하여, 브라만을 절대 진리로 상정하는 형이

상학적인 태도를 비판하면서 인간의 현실적 고통에 대한 해결을 우선 과제로 삼았던 석가의 모습과 다르지 않다.

대중교화의 선구자인 혜공이 등에 삼태기를 지고 가항街巷에서 크게 취하여 노래하며 춤춘 것이나, 대안代案이 특이한 옷차림으로 장판에서 동발銅鉢을 치면서 "대안, 대안"을 외친 것처럼, 원효도 그들의 뒤를 이어 무애박을 두드리며 대중 속으로 깊이 들어가 대중들로 하여금 불교를 일상생활화하게 하였다. 이것은 그가 찬술한 대부분의 경·논·소에서 언제나 강조하는 부주열반설不住涅槃說의 구현이라 할 수 있다. '부주열반'이란 깨달음을 이룬 불·보살이나 아직 깨달음을 얻지 못한 중생이나 모두 그 본래의 마음 바탕은 청정하다는 일심사상一心思想 즉 염정무이染淨無二·진속일여眞俗一如의 정신을 근거로 하여, 불·보살이 깨달음에 머물지 않고 아직 미혹한 중생들을 깨닫도록 이끄는 것이다.

원효의 저술 내용을 분석해 보면, 원효의 교학은 『해심밀경』, 『능가경』, 『유가사지론』, 『섭대승론』 등의 경론서에 비중을 많이 두고 있음을 알 수 있다. 이는 세간적 현상세계와 출세간적 본체계가 둘이 아님을 아직 깨닫지 못한 우리 범부들이 현재의 미오迷汚한 심성으로부터 깨달음에 이르기 위해서는 우선 미망에 허덕이고 있는 현실의 마음에 대한 분석이 선행되어야 한다고 생각했기 때문이다. 그러나 인류의 윤리적 구제 즉 중생을 깨달음으로 이끌기 위해 전생애를 바쳤던 원효는 현실심 분석에 치중한 앞의 유식서에서 한 걸음 더 나아간 『대승기신론』이야말로 깨달음에 이르는 길을 제시한 논서라고 판단하게 되었다. 따라서 『대승기신론』에 대해 무려 7종(일설에는 9종)의 연구서를 저술하게 된 것이다. 이 『대승기신론』은 현상과 본체가 각기 그 바탕(體)이 다른 것이라는 잘못된 집착을 깨뜨리는 데(『大乘起信論別記』, "治眞俗別體之執") 가장 적절한 논서라 할 수 있다.

二. 대승기신론 해제

1. 『대승기신론』의 성격

　불교의 경론서 가운데 『대승기신론』(이하 『기신론』이라 약칭) 만큼 일반에게 잘 알려지고 또 그만큼 사랑받는, 그러면서도 가장 탁월한 내용을 갖춘 것도 드물 것 같다. 주지하다시피 『기신론』은 대승불교시대의 후기에 나타난 불교사상서 가운데 가장 뛰어난 논서로 알려져 있다. 『기신론』은 그 당시 인도에서 대립하고 있던 양대 불교사상 즉 중관학파와 유가학파의 사상을 지양·화합시켜 진眞과 속俗이 전혀 다른 별개의 것이 아니라 우리 범부들이 미오迷汚한 현실 생활(俗) 속에서 깨달음의 세계로 끊임없이 추구하고 수행함으로써 완성된 인격(眞)을 이루어 갈 수 있으며, 한편 깨달음의 단계(眞)에 이른 사람은 아직 염오한 단계(俗)에 있는 중생을 이끌어 갈 의무가 있는 것임을 주장한다. 이른바 진과 속이 별개의 것이 아니라 하나라는 진속일여眞俗一如의 사상을 잘 나타낸 논서인 것이다.
　『기신론』 출현 이후 『기신론』에 대한 연구와 주석서, 논문 등의 책자는 오늘날까지 불교 경론서 가운데 가장 많은 숫

자를 점한다. 이는 『기신론』의 진가를 입증하는 셈이다. 그 중에서도 예부터 『기신론』에 대한 삼대三大 소疏로 혜원慧遠, 원효, 법장法藏(시대순) 세 분의 것을 꼽는다. 혜원소(혹은 정영소)에서는 『승만경』, 『능가경』을 주로 참조하였고, 원효는 여기에 『섭대승론』을 더하여 참조하였으며, 법장은 『화엄경탐현기』, 『화엄오교장』, 『망진환원관』을 참조하여 주석하였다. 아직 필자의 연구 범위에 미치지 않은 혜원의 것은 잠시 미루고 여기서는 원효와 법장의 것만 다루겠다.

먼저 『기신론』의 성격에 대해 법장은 여래장연기종설如來藏緣起宗說이라 판석한다. 이에 비해 원효는 이 논서가 중관사상과 유가(유식)사상의 지양·종합이라고 말하였다. 『기신론』의 출현 시기와 『기신론』의 일심이문의 구조상으로 볼 때, 법장설보다는 원효설이 훨씬 타당성을 갖는다고 할 수 있다. 일본의 가츠마타 슌쿄(勝又俊敎)는 단순히 교리 판석의 입장에서 주장한 법장설을 더 발전시켜 대승불교 후기에 중관·유가 두 학파뿐 아니라 제3의 학파로서 여래장연기종학파가 있었을 것이라고 주장한다. 그런데 같은 일본 학자인 다카사키 지키도(高崎直道)의 주장은 이와 다르다. 그에 따르면 한역漢譯을 잘 사용하지 않는 인도 학자와 서양 학자들은 대승불교라면 중관과 유가의 두 파만을 인정할 뿐이며, 일부 일본 학자들이 대승불교 중의 여래장사상을 또 하나의 특색 있는 체계로 고찰하는 것은 그들이 화엄교학을 통해 오래 전부터 익혀온 생각에 근거한다는 것이다. 더욱이 또 다른 일본 학자 가시와기 히로오(柏木弘雄)는 『기신론』자체의 의도와 『기신론』안에 담겨 있는 하나하나의 교설의 취지가 반드시 화엄교학에서의 기신론에 대한 이해와 동일하지 않음은 익히 지적되고 있는 사실이라고 한다. 두 학자의 설을 볼 때 가츠마타 슌쿄의 설은 그 근거가 희박하다. 법장은 『기신론』의 과목나눔(分科), 어구 해석에서 원효의 창안을 그대로 답습하면서도 유독 원효의 중관·유식의 지양·종합설을 따르지 않고 여래장연기종설이라 주장한다. 이는 화엄종이 계승한 남도파南道派 지론종地論宗에서 여래장 내지 진성眞性을 말하고 이 남도파 지론종의 학설을 대성하여 화엄교학의 확립에 커다란 공헌을 한 혜원이 그의 『대승의장大乘義章』에서 여래장연기, 진성연기를 말한 데 기인한다.

결론적으로 화엄교학의 관견管見에 입각한 법장의 여래장연기종설보다는 그러한 선입견의 전제 없이 『기신론』의 구조와 내용 자체를 보고 중관·유가의 지양·종합설이라 판단한 원효의 설이 훨씬 객관성을 가진다. 또한 불교사상의 발달사적 입장에서 비추어보아도 더욱 타당성을 갖는다 할 수 있다.

그렇다면 원효의 중관·유식설과 법장의 여래장연기종설은 그 내용에 있어 어떠한 차이가 있는가? 두 설은 내용의 핵심에 있어서는 별 차이가 없다. 『기신론』의 구조는 일심이문으로 되어 있고, 이 이문 중 생멸문에서 각覺과 불각不覺의 두 가지 성격을 가지고 있는 아라야식에 의해 염법染法과 정법淨法으로 생멸연기함을 보여 준다. 원효가 말하는 진여·생멸 이문과 각과 불각 이의二義의 차이점은 이렇다. 이문 가운데 진여문에는 염법과 정법을 낳게 하는 생의生義가 없고 염정법을 포괄하는 섭의攝義만 있음에 비해, 생멸문의 각과 불각의 뜻에는 섭의와 생의가 다 있다는 것이다. 법장의 여래장연기종설이 생멸문 중 아라야식의 이의성만을 언급하여 염정법을 포괄하는 섭의를 간과한 데 비해, 원효는 진여와 생멸 이문을 아라야식의 이의성, 나아가『기신론』전체에 대한 대전제로 봄으로써 염정법에 대한 섭의와 생의를 다 살려『기신론』본문에 더 충실한 태도를 보인다. 생멸·진여의 이문은 생멸문에서의 아라야식이 가지는 이의성을 더욱 극명하게 드러내는 데 선도적인 역할을 한다. 또 거꾸로, 일심에 이어지는 진여·생멸 이문의 전제성前提性·상징성이 아라야식의 각·불각 이의성을 통해 구체적이고 실천적으로 전개됨으로써 이문의 지양·종합이라는『기신론』의 특성을 더욱 잘 드러낸다고 할 수 있다. 이는 나아가 인간 마음의 진·속, 염·정의 이면성에서 어떻게 속·염이 이루어졌고 어떻게 이를 극복하여 진·정으로 나아갈 수 있는가에 대한 더 근원적인 고찰이 된다.

『대승기신론』에 대하여 무려 7종의 연구저서를 낼 정도로 이 논서에 심취했던 원효는『기신론』의 성격을 다음의 세 가지로 규정하였다.

첫째,『기신론』은 인간의 마음이 원래 청정한 것임을 강조하는 중관학파와 그러나 인간의 마음이 현실적으로는 깨닫지 못하여 물든 상태에 있어 이를 분석, 관찰하는 데 주력하는 유가학파, 이 두 학파의 주장을 지양·종합한 논서이다. 실제로『기신론』은 일심, 즉 중생심에는 마음의 자성청정을 밝히는 심진여문과 현실의 물든 마음을 긍정하고 이를 분석하여 종국에는 청정심을 얻을 수 있다는 심생멸문의 두 가지 문이 있음을 말한다. 이 일심이문의 구조는『기신론』전체의 대전제로 설정되어 있으며,『기신론』이 중관·유가학파의 지양·종합으로 나타난 논서라는 주장을 입증해 준다.

둘째, 원효는 위의 중관·유가(유식)학파의 지양·종합이라는 성격을 더욱 드러내는 구체적인 전개로서『기신론』이 삼세아라야식설임을 주장한다. 이 삼세아라야식설은 아라야식이 각의覺義와 불각의不覺義의 이의二義를 가진 진망화합식眞妄

和合識이라는 것을 전제로 한다는 점에서 매우 설득력이 있다. 삼세란 자성청정의 진여심에 무명이 훈습하여 최초로 동요하기 시작하려고 하는 무명업상, 동요하는 맨 처음의 증상으로서 상대를 바라보고 있는 전상, 그리고 바라보는 상대(境界)에 비춰지는 현상의 매우 미세한 의식을 말한다. 아라야식은 오늘날의 무의식에 해당하는 심층의식으로서 우리가 물든 의식으로 전개하는 데 최초의 기점이 되는 것이다. 그러나 한편 이 전개된 염오심이 다시 청정심으로 환멸하고자 할 때, 마지막 귀결처가 되는 곳 또한 이 아라야식이다. 원효는 삼세가 바로 아라야식임을 창설하였는데, 이 주장을 당나라의 법장이 그대로 수용한 바 있다.

아라야식이 바로 삼세라는 주장이 『기신론』 본문에 명시되어 있지는 않으나 『기신론』의 내용 중에서 충분히 입증할 수 있음은 이미 필자가 논문으로 입증한 바 있다.* 『기신론』 출현 이전의 유식학파에서 아라야식을 막연한 잠재심 내지 진실하지 못한 망식으로 주장한 데 비해, 이 삼세아라야식설에서는 아라야식이 진망화합식 즉 청정심과 염오심이 화합된 심층의식으로서 수행에 의해 삼세의 망식 부분을 제거하면

---

* 은정희, 「원효의 삼세·아라야식설의 창안」, 『한국의 사상가 10人 ─ 원효』(예문서원, 2002), 112~139쪽.

바로 삼세 자체에 청정식 부분만 남게 되니, 이것이 곧 깨달음의 심원心源에 이르는 것임을 천명한다. 이는 아라야식을 막연한 잠재심으로 설정한 유식학파와는 달리 삼세라는 구체적인 수행단계를 제시하고 있다는 점에서 매우 획기적이다.

셋째, 수행에 의해 삼세에서 염오심을 제거하여 청정심에 이르게 되면 지정상智淨相과 불사의업상不思議業相이라는 두 가지 모습이 나타난다. 지정상이란 모든 염오한 마음이 제거되어 지혜가 순정하게 된 것, 즉 무분별심(根本智)을 말한다. 그런데 이러한 무분별심에는 또한 중생의 근기에 맞추어 일반 범부가 사량할 수 없는 여러 가지 공덕상을 끊임없이 나타내어 중생을 이익 되게 하는 불사의업상이 있다. 원효는 지정상이란 자신 이익을 성취하는 것으로서 해탈한 뒤에 번뇌장과 소지장의 두 번뇌를 모두 멀리 여의어 아무런 장애가 없는 청정법신을 얻은 경지이며, 불사의업상이란 타신 이익을 성취하는 것으로서 이미 자신 이익을 성취하였으면 자연히 세간에 자재한 위력과 행위를 나타내어 중생을 이익 되게 하는 것이라 하였다. 즉 지정상과 불사의업상은 자리행·이타행과 다르지 않다. 한편 『기신론』에서는 수행심신분의 지관문을 설명할 때, 지止를 닦으면 범부가 세간에 집착함을 대치하고 관觀을 닦으면 이승이 대비를 일으키지 않는 협열심을 대치할 수 있다고 하며, 이 지관 이문이 갖추어지지 않으면 보리菩提에 들어갈 수 없다고 단언한다. 위에서의 지정상은 지문에, 불사의업상은 관문에, 나아가 지정상은 심진여문에, 불사의업상은 심생멸문에 배대시킬 수 있다. 원효는 진여문에 의해 지행을 닦음으로써 세간에의 집착을 벗어나 무분별지를 얻고(自利行), 생멸문에 의해 관행을 닦음으로써 대비심을 일으켜 후득지를 이룰 수 있다고 보았다.

깨달음을 얻은 이가 깨친 자리에서 홀로 안주하는 것이 아니라 중생의 이익을 위하여 중생에게 회향하는 이타행, 즉 부주열반사상이야말로 원효가 그의 수많은 저술에서 한결같이 주장하는 것이다. 이는 석가 이후 원효에까지 면면히 이어지는 불교의 가장 핵심적인 가르침이라 할 수 있다.

2. 『대승기신론』의 구조

『기신론』의 내용을 구체적으로 논하기에 앞서 그 구조를 간단히 소개하고 이를 도표로 나타내 보이겠다.

『기신론』은 인연분因緣分, 입의분立義分, 해석분解釋分, 수행신심분修行信心分, 권수이익분勸修利益分의 다섯 부분으로 구성되어 있다. 인연분에서는 이 논서를 짓게 된 여덟 가지 이유를 말하고, 입의분에서는 『기신론』의 대의, 즉 일심一心, 이문二門, 삼대三大를 제시하였다. 일심이란 중생심衆生心이며 이문은 중생심의 양면인 심진여문心眞如門과 심생멸문心生滅門이다. 삼대란 진여문의 본체인 체대體大와 생멸문의 상대相大 그리고 그 작용인 용대用大이다.

해석분은 앞서의 입의분에서 제시한 일심이문을 구체적으로 논술한 것으로 『기신론』에서 가장 핵심적인 부분이다. 이 부분은 다시 바른 뜻을 드러냄(顯示正義), 그릇된 집착을 다스림(對治邪執), 도에 발심하여 나아가는 모양을 분별함(分別發趣道相)의 셋으로 나누어진다. 먼저 바른 뜻을 드러내는 부분에서는 일심 즉 중생심을 일심 중의 청정한 면인 심진여문과 물든 면인 심생멸문의 둘로 크게 나누었다. 심진여문에서는 번뇌가 없다는 뜻으로 여실공如實空, 번뇌가 없기 때문에 갖가지 청정한 모습이 갖추어 있다는 뜻인 여실불공如實不空 등을 말하여 마음의 청정한 면을 묘사하였다. 심생멸문에서는 청정한 여래장심이 물든 염오심(생멸심)과 화합해서, 여래장심과 생멸심이 같지도 않고 다르지도 않은 아라야식(阿黎耶識, Alayavijnana)이라는 것을 내세운다. 이 아라야식에는 깨달은 면인 각覺과 무명의 훈습으로 물들어 있어 깨닫지 못한 면인 불각不覺의 두 가지 뜻이 있어, 여기에 훈습에 의한 염정연기染淨緣起가 전개됨을 밝힌다. 다음으로 그릇된 집착을 다스리는 부분에서는 인집人執과 법집法執의 이집을 대치하는 것을 말한다. 마지막으로 발심수행하여 도에 나아가는 모습을 분별하는 곳에서는 신성취발심信成就發心, 해행발심解行發心, 증발심證發心의 세 가지 발심을 말한다.

수행신심분에서는 앞서 해석분에서 발취도상이 부정취不定聚중생의 승인勝人을 위한 설명임에 비하여 여기서는 부정취 중생 중의 열인劣人을 위하여 사신四信, 오행五行 및 타력염불他力念佛을 설한다. 마지막 권수이익분에서는 이 논을 믿고 닦으면 막대한 이익이 있으리라는 것을 말하였다.

※『대승기신론』의 구조

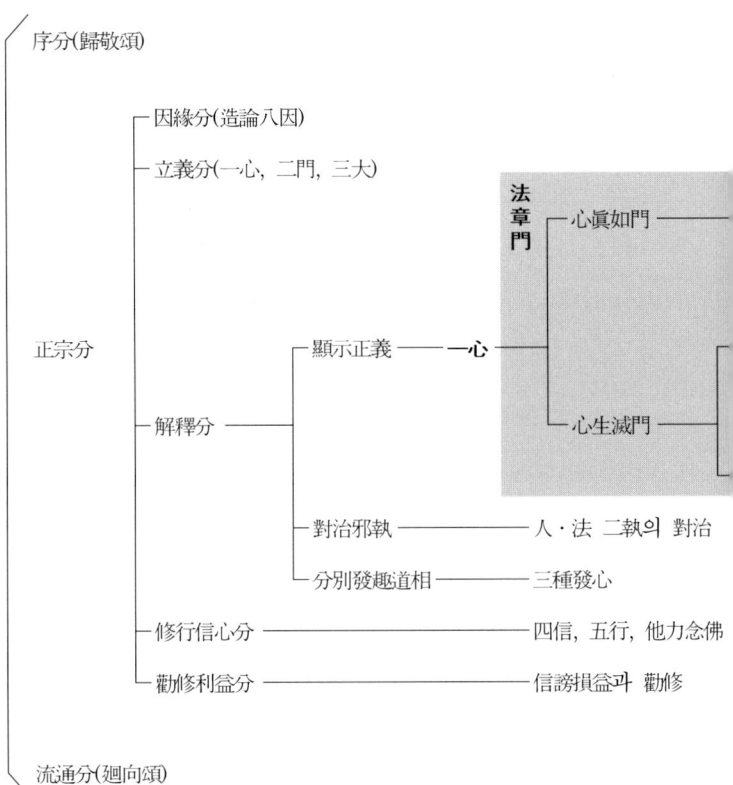

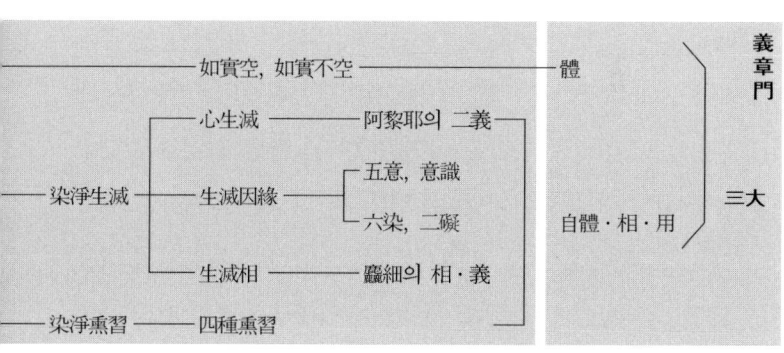

二. 『대승기신론』해제   37

3. 『대승기신론』의 제명

이제 앞으로 공부하게 될 대승기신론의 제명題名을 원효의 해석을 빌려 잠깐 밝혀보기로 하겠다. 우선 '대승大乘'의 뜻에 대해 원효는 『허공장경』, 『대승아비달마잡집론』, 『현양성교론』 등을 빌려 자세히 풀이하였는데 이 경론들의 풀이가 대동소이하다. 『대승아비달마잡집론』에 의하면 대승이란 경대성境大性, 행대성行大性, 지대성智大性, 정진대성精進大性, 방편선교대성方便善巧大性, 증득대성證得大性, 업대성業大性의 일곱 가지 대성과 상응하기 때문에 대승이라고 한다. 첫째 보살도는 한량없는 모든 경전의 광대한 교법을 따르는 것으로 그 경계를 삼기 때문에 경대성, 둘째 일체의 자리·이타의 광대한 행위를 바로 행하기 때문에 행대성, 셋째 인아人我와 법아法我가 무아無我임을 깨닫기 때문에 지대성, 넷째 삼대겁아승기야 동안에 한량없이, 실천하기 어려운 행실을 방편으로 삼아 부지런히 닦기 때문에 정진대성, 다섯째 생사와 열반 두 가지에 다 집착하지 않기 때문에 방편선교대성, 여섯째 여래의 모든 힘과 무외無畏의 불공불법不共佛法 등 한량없는 무수한 큰 공덕을 얻기 때문에 증득대성, 마지막 일곱째는 생사의 때가 다하도록 보리菩提를 이루어 광대한 온갖 불사를 건립함을 나타내기 때문에 업대성이라 한다.

다음 '기신起信'이란 중생의 믿음을 일으킨다는 뜻이다. 무엇을 믿는가. 체대體大·상대相大·용대用大를 믿는다. 체대를 믿는다란 평등법계인 이치가 실제로 있음을 믿는 것이다. 상대를 믿는다란 닦아서 얻을 수 있음을 믿는 것이니 본성의 공덕을 갖추어(自利) 중생을 훈습함으로써(利他) 마음의 근원에 돌아가게 됨을 믿는 것이다. 용대를 믿는다란 닦아서 얻을 때에 무궁한 공덕의 작용이 있음을 믿는 것이다.

마지막 '논論'이란 '결정적으로' 궤범이 될 만한 글을 써서 아주 깊은 법상法相의 도리를 '판설하는' 것이니 이 '결판'의 뜻으로 인해 논이라고 한다. 결국 대승은 논의 종체宗體이며 기신은 논의 수승한 기능이다. 이 체용을 함께 들어서 제목을 나타내므로 '대승기신론'이라 한다.

이 논을 지은 대의는 중생으로 하여금 의혹을 제거하고 잘못된 집착을 버리게 하여 대승의 바른 믿음을 일으켜 불종佛種(부처의 과보를 내는 종자)이 끊어지지 않게 하고자 하기 위해서라고 한다. 여기서 대승의 바른 믿음을 일으켜 불종자가 끊어지지 않게 한다는 것은 위로 불도를 넓힘이며(上弘佛道), 중생들의 의혹을 제거하고 그들의 잘못된 집착을 버리게 한다는 것은 아래로 중생을 교화함(下化衆生)이다.

4. 『대승기신론』의 대의

『기신론』의 다섯 가지 큰 구성에서 두 번째 입의분은 『기신론』의 대의를 천명한 것으로 일심一心, 이문二門, 삼대三大를 제시한다. 『기신론』은 일심을 중생심이라 한다. 중생심은 일체의 세간법(세간의 생사법)과 출세간법(열반의 법)을 통섭한다. 이는 중생심의 진여상이 대승의 체體를 나타내며, 중생심의 생멸인연상이 대승자체의 상相·용用을 나타낸다는 뜻이기도 하다. 여기서 중생심이 일체의 세간법과 출세간법을 통섭한다고 한 것은 대승법이 소승법과 다름을 나타내는 것이다. 왜냐하면 소승법에서는 모든 법이 제각각 스스로의 본체를 가지지만 대승법에서는 모든 법의 본체는 오직 일심일 뿐이기 때문이다. 그래서 원효는 『대승기신론별기』에서 『기신론』은 진여법과 세속법의 체가 서로 다르다는 치우친 고집을 꺾기 위해 출현한 것이라는 말을 하기도 한다.

그런데 일심이 일체의 세간법과 출세간법을 통섭한다는 것은 한편으로 열반법을 나타내는 진여문과 생사법을 나타내는 생멸문이 서로 여의지 않는다는 불상리성不相離性을 뜻하기도 한다. 원효는 『대승기신론별기』에서 이 이문의 관계를 미진微塵과 와기瓦器의 관계로 설명한다. 즉 미진이 모든 와기의 통상通相이어서 통상 외에 따로 와기가 없으며 따라서 와기들은 모두 미진에 포섭되는 것처럼, 진여문은 염정染淨의 모든 법에 통상이 되므로 통상 이외에 따로 염정 제법諸法이 없으며 염정 제법은 모두 진여문에 포섭된다는 것이다. 또 미진의 성질이 모여 와기를 이루지만 항상 미진의 성질을 잃지 않는 까닭에 와기문瓦器門이 곧 미진을 포섭하는 것처럼, 생멸문이란 선·불선의 인因인 진여가 연緣과 화합하여 염정 제법을 변작하는 것으로 비록 제법을 변작하고는 있지만 항상 진성을 잃지 않기 때문에 생멸문에서도 역시 진여가 포섭되어 있다고 한다. 이와 같이 진여·생멸 이문이 서로 융통하여 한계가 구분되지 않기 때문에 다 각각 일체의 염정 제법을 통섭하며, 따라서 이문은 서로 떠날 수 없는 밀접한 관계를 가지는 것이다.

삼대란 체대體大·상대相大·용대用大를 말한다. 앞서의 중생심에서 진여의 모습은 대승의 체를 나타내고 생멸(인연)의 모습은 대승 자체의 상·용을 나타낸다고 하였다. 즉 체대는 진여문에, 상대·용대는 생멸문에 배속된다 할 수 있다.

첫째, 체대는 평등법계의 진여본성자리로서 일체의 상을

여읜 것이며 범부에서 부처에 이르기까지 증감이 없어서 끝내 변하지 않고 머문다. 둘째, 상대란 그 진여본성이 갖추고 있는 공덕상功德相을 말한다. 『기신론』에서는 진여 자체에 대지혜광명, 법계를 두루 비춤(徧照法界), 진실하게 앎(眞實識知), 자성청정심, 상락아정常樂我淨, 청량淸凉하고 불변不變하고 자재自在함의 뜻이 갖추어 있다고 한다. 심성에 망념이 일어나지 않는 것은 대지혜광명을 갖추고 있기 때문이다. 만약 마음에 어떤 망견을 일으킨다면 보지 못하는 상이 있는 것이며 심성에 망견을 여의면 바로 법계를 두루 비추는 것이다. 만약 마음에 움직임이 있으면 참으로 아는 것이 아니다. 따라서 청정한 자성이 없어지며 상常도 아니고 락樂도 아니고 아我도 아니고 정淨도 아니게 된다. 이리하여 열뇌熱惱하고 쇠변衰變하면 자재하지 못하며 이에 갠지스 강의 모래들보다 많은 망염妄染을 갖게 된다. 그러므로 심성의 움직임이 없으면 갠지스 강의 모래들보다 많은 온갖 깨끗한 공덕상을 가지게 되는 것이다.

셋째, 용대란 모든 부처와 여래가 본래 인지因地에서 대자비를 일으켜 모든 바라밀을 닦아서 중생을 섭화攝化하며 크나큰 서원을 세워 모든 중생계를 모두 도탈시키고자 하여 겁수를 한정하지 않고 미래에까지 다하는 것이다. 이에 모든 중생 돌보기를 자기 몸과 같이하며 그러면서도 중생상을 취하지 않는다. 왜냐하면 모든 중생과 자기의 몸은 다 같이 진여로써 평등하여 다름이 없는 것인 줄 여실히 알기 때문이다. 이러한 대방편지大方便智가 있기 때문에 무명을 완전히 없애어 본래의 법신을 보게 되고(自利), 자연히 불사의업不思議業의 여러 가지 작용을 갖게 된다(利他). 모양 지을 만한 작용은 없지만 중생의 견문에 따라 이익 되게 하기 때문에 용用이라 말하는 것이다.

三. 대승기신론 강의

— 기신론 원문 중심으로 번역 및 해설

【귀경게】

온 시방에서 여덟 가지 모습(八相)으로 중생을 교화하신 수승한 업용과 일체에 두루하신 지혜를 갖추시고, 만행과 부사의한 훈습으로 이루어진 신묘하신 신체와 오근五根이 서로 작용하고 십신十身이 서로 작용하는 자재하신 신체의 작용을 갖추신 구세의 대비하신 이(佛寶), 그리고 저 몸의 체·상인 보신불의 바다와 같은 법성과 진여(法寶), 그리고 한량없는 공덕을 지닌 보살의 정체지正體智와 후득지後得智인 여실한 수행 등(僧寶)에 목숨을 다하여 귀의하옵니다.

이는 아래로는 중생들로 하여금 의혹을 제거하고 잘못된 집착을 버리게 하며(利他), 위로는 대승의 바른 믿음을 일으켜 부처가 되기 위한 수행이 끊어지지 않게 하고자(自利) 하기 위한 까닭이다.[1]

해설

이 귀경게는 논을 술하기에 앞서 불·법·승 삼보에 귀의함을 나타낸다. 여기에서 불보는 심덕과 색덕을

---

1) 歸命盡十方, 最勝業遍知 / 色無礙自在, 救世大悲者 / 及彼身體相, 法性眞如海 / 無量功德藏, 如實修行等 / 爲欲令衆生, 除疑捨耶執 / 起大乘正信, 佛種不斷故.

> 갖추어 중생을 구제하신 대비의 부처님을 말한다. 법보는 열반과 진여를, 승보는 여실한 수행으로서 얻는 정체지와 그 수행의 효용으로서 얻는 후득지의 행덕을 말한다. 여기서 의혹은 발심에 장애되는 법에 대한 의심과 수행에 장애되는 교문에 대한 의심을 의미하며, 잘못된 집착이란 인집人執과 법집法執을 말한다.

대승의 신근信根을 잘 일으키는 법이 있으니 이제 이 기신론에서 이 법을 설해야 할 것이다.

이 기신론을 설함에 다섯 가지 구분이 있다. 첫째는 인연분이니, 이는 이 논을 짓게 된 이유이다. 둘째는 입의분이니, 이는 이 논의 핵심 되는 뜻을 세우는 것이다. 셋째는 해석분이니, 이는 입의분에서 세운 기신론의 핵심을 널리 설명하여 밝히는 것이다. 넷째는 수행신심분이니, 이는 해석분에서 밝힌 설명에 의해 일으킨 믿음을 닦아 나아가는 것이다. 다섯째는 권수이익분이니, 선근이 박약한 사람은 즐겨 수행에 나아가려 하지 않기 때문에 이익됨을 들어서 반드시 닦아야 함을 권하는 것이다.[2]

---

2) 論曰. 有法能起摩訶衍信根. 是故應說. 說有五分. 云何爲五. 一者因緣分. 二者立義分. 三者解釋分. 四者修行信心分. 五者勸修利益分.

Ⅰ. 인연분

> ■ 해설 ■
> 인연분에서는 허다한 경전 가운데 이러한 법이 갖추어 있음에도 불구하고 무엇 때문에 또 『기신론』을 지어 거듭 설명하는가에 대해 여덟 가지 이유를 든다.

[물음] 어떤 인연으로 이 논을 지었는가?

[답함] 이 인연에 여덟 가지가 있다. 첫째, 이는 인연의 총상이니 중생으로 하여금 모든 고통을 여의고 궁극적인 즐거움 즉 무상보리 대열반락을 얻게 하기 위해서이다. 인간과 천상의 부귀와 즐거움, 헛된 명리와 공경을 얻으려 하기 때문은 아니다. 둘째, 여래의 근본 뜻을 해석하여 모든 중생으로 하여금 바르게 이해하여(顯示正義) 틀리지 않도록 하기 위해서이다.(對治邪執) 셋째, 선근이 성숙한 중생으로 하여금 대승법을 받아들여 신심이 물러나지 않게 하기 위해서이다. 넷째, 선근이 미숙한 중생으로 하여금 신심을 닦아서 익히게 하기 위해서이다. 다섯째, 여러 가지 방편으로 악업의 장애를 없애어

그 마음을 잘 지키고 어리석음과 교만함을 멀리 여의어 사악한 그물에서 벗어나게 하기 위해서이다. 여섯째, 지행(사마타)과 관행(위파사나)을 닦음으로써 범부와 이승의 마음 허물을 대치하기 위해서이다. 일곱째, 오로지 염불에 힘쓰는 방편을 보여 부처님 앞에 왕생하여 반드시 신심을 절대로 퇴전하지 않게 하기 위해서이다. 여덟째, 이익을 보여 수행을 권고하기 위해서이다.[3]

> **해설**
>
> 여덟 가지 답 가운데 맨 처음 하나는 이 논에만 해당하는 것이 아닌 중생의 이고득락(고통을 여의고 즐거움을 얻도록 하기위한 것)을 위한 것으로, 총체적인 이유이며 뒤의 일곱은 오직 기신론에만 해당하는 개별적인 이유이다. 이 논을 지은 개별적인 이유인 다섯 번째와 여섯 번째는 6바라밀의 방편에 의해 수행할 것을 말한

---

[3] 初說因緣分. 問曰. 有何因緣而造此論. 答曰. 是因緣有八種. 云何爲八. 一者因緣總相. 所謂爲令衆生離一切苦, 得究竟樂, 非求世間名利恭敬故. 二者爲欲解釋如來根本之義, 令諸衆生正解不謬故. 三者爲令善根成熟衆生, 於摩訶衍法堪任不退信故. 四者爲令善根微少衆生修習信心故. 五者爲示方便消惡業障, 善護其心, 遠離癡慢, 出邪網故. 六者爲示修習止觀, 對治凡夫二乘心過故. 七者爲示專念方便, 生於佛前, 必定不退信心故. 八者爲示利益勸修行故. 有如是等因緣, 所以造論.

> 것으로 특히 여섯 번째는 지·관의 선수행적 방법을 제시하고 있다. 일곱 번째는 염불로 왕생정토하는 정토적 방법까지 말하고 있다. 결국 『기신론』은 모든 경론서 가운데 가장 포괄적인 불교 개론서적 성격을 띠고 있음을 알 수 있다.

[물음] 경전 가운데 위에서 말한 8가지 인연에 의해 설해진 법이 이미 갖추어져 있는데 어찌하여 여기서 거듭 설해야 하는가?

[답함] 경전 가운데에도 이러한 법이 있기는 하나, 중생의 근기에 따른 행위도 같지 않고 받아서 이해하는 연緣도 다 다르다. 여래가 세상에 계실 적에는 중생의 근기가 예리하고 설법하는 이도 색色·심心의 업이 수승하여 원음圓音으로 한 번 연설함에 소질이나 성격을 달리하는 중생들이 똑같이 이해하므로 논을 필요로 하지 않았다. 그러나 여래가 돌아가신 후에는 어떤 중생은 자력으로 경전을 널리 듣고서 이해하는가 하면, 또 어떤 중생은 자력으로 경전을 적게 듣고도 많이 알기도 한다. 어떤 중생은 스스로 이해하는 힘이 없어서 경전만으로는 잘 이해하지 못하여 여러 논서에 의해 이해하는가 하면, 또 어떤 중생은 그 여러 논서의 글을 번거롭게 여겨 글의 분

량이 적으면서도 많은 뜻을 가진 총지總持를 좋아하여 그런 것을 잘 이해하는 사람도 있다. 이 논은 간단한 글귀로 많은 뜻을 함의한 것을 좋아하는 네 번째 사람들을 위해 설한 것이니, 여래의 광대하고 깊은 법의 한량없는 뜻을 총괄하고자 하기 때문이다.[4]

> **해설**
>
> 원음圓音이란 바로 일음一音이다. 모든 부처는 제일의신第一義身(절대유일의 가장 진실한 완성된 사람이라는 뜻)이므로 영원히 만상을 끊어 형체도 없고 소리도 없으나 다만 중생의 근기를 따라 한량없는 소리와 형체를 나타낸다. 이는 마치 빈 골짜기에는 소리가 없으나 부름을 따라 메아리가 나오는 것과 같다. 그러므로 부처의 편에서 말한다면 소리가 없는 것(無音)이니 곧 하나이지만 중생의 근기로 본다면 여러 가지의 소리니 하나가 아니다(衆音). 같은 때 같은 모임에서 다른 종류의

---

[4] 問曰. 修多羅中具有此法, 何須重說. 答曰. 修多羅中雖有此法. 以衆生根行不等, 受解緣別. 所謂如來在世, 衆生利根. 能說之人色心業勝. 圓音一演, 異類等解, 則不須論. 若如來滅後, 或有衆生能以自力廣聞而取解者, 或有衆生亦以自力少聞而多解者, 或有衆生無自心力, 因於廣論而得解者, 亦有衆生復以廣論文多爲煩, 心樂總持少文而攝多義能取解者. 如是此論, 爲欲總攝如來廣大深法無邊義故, 應說此論.

중생들이 똑같이 이해하기 때문에 그 근성에 따라 각각 일음 音을 얻고 다른 소리는 듣지 아니하여 착란되지 않으니 이를 일음이라고 한다. 그리고 음이 시방에 두루 있어 근기가 성숙한 정도에 따라 듣지 못하는 바가 없기 때문에 원음이라 한다.

II. 입의분

이미 인연분을 말하였으니 다음에는 입의분을 말하겠다.

대승이란 총괄하여 설명하면 두 가지이다. 첫째는 법(대승의 법체)이요, 둘째는 의義이다. 법이란 일심 즉 중생심을 말하니 중생심이 곧 일체의 세간법과 출세간법을 포괄하며, 중생심에 의해 대승의 뜻이 잘 나타나고 있다. 왜냐하면 이 마음(중생심)의 진여상이 대승의 체體를 나타내고, 이 마음의 생멸인연상이 대승 자체의 상相·용用을 잘 나타내기 때문이다. 의란 여기에 세 가지가 있으니, 첫째는 체대體大이다. 이는 일체의 법이 진여로서 평등하여 증감하지 않음을 뜻한다. 둘째는 상대相大이니 여래장에 한량없는 성공덕性功德이 갖추어 있음을 뜻한다. 셋째는 용대用大이니 일체의 세간과 출세간의 착한 인과因果를 내는 업용을 뜻한다. 일체의 여러 부처가 본래 이 법에 의거하며, 일체의 보살도 모두 이 법에 의거하여 여래의 경지에 이른다.[5]

---

5) 已說因緣分. 次說立義分. 摩訶衍者總說有二種, 云何爲二. 一者法. 二者義. 所言法者, 謂衆生心. 是心則攝一切世間法出世間法. 依於此

心顯示摩訶衍義. 何以故. 是心眞如相, 卽示摩訶衍體故. 是心生滅因緣相, 能示摩訶衍自體相用故. 所言義者, 則有三種. 云何爲三. 一者體大, 謂一切法眞如平等不增減故. 二者相大, 謂如來藏具足無量性功德故. 三者用大, 能生一切世間出世間善因果故. 一切諸佛本所乘故, 一切菩薩皆乘此法到如來地故.

Ⅲ. 해석분

이미 입의분을 설명했으니 다음에는 해석분을 설명하겠다.

해석분에는 세 가지가 있다. 첫째는 대승의 바른 뜻을 드러내는 것이다.(顯示正義) 둘째는 잘못된 집착을 다스리는 것이다.(對治邪執) 셋째는 모든 부처가 증득한 도에 보살들이 발심수행하여 나아가는 모습을 분별하는 것이다.(分別發趣道相)[6]

1. 대승의 바른 뜻을 드러냄(顯示正義)

1) 먼저 뜻을 풀이함

(1) **법을 해석함**(法章門)

일심법에 의거하면 두 가지 문이 있다. 첫째는 심진여문心

---

6) 已說立義分. 次說解釋分. 解釋分有三種. 云何爲三. 一者顯示正義. 二者對治邪執. 三者分別發趣道相.

眞如門이며, 둘째는 심생멸문心生滅門이다. 두 가지 문은 모두 각각 일체의 법을 총괄한다. 이는 두 문이 서로 떨어져 있지 않다는 뜻이다.7)

가. 심진여문

심진여란 바로 일법계一法界인 대총상大總相 법문의 체이다.8)

> **해설**
>
> 일법계는 일심으로서, 이의 총상에는 여실공경, 인훈습경, 법출리경, 연훈습경(후술)의 사품이 있다. 이 사품 중에서 상무성相無性(변계소집성의 것은 혼미한 생각 앞에 나타나는 한 그림자에 불과하다. 즉 노끈을 잘못 보아 뱀으로 여기지만 뱀의 자성이 없다는 것이다), 생무성生無性(여러 가지 인연에 의하여 성립되는 의타기성의 것은 일시적으로 나타난 모양에 불과하여 실성이 없다. 즉 노끈은 삼과 사람의 힘으로 이루어진 것으로 노끈의 실체가 없다는 것이다), 승의무성勝義無性(진여는 원만 상주하는 것으로 만유의 근원인 원성실성[즉 진실성] 곧 절대법이므로 아무런 모양도 없다. 즉 삼[麻]에서

---

7) 顯示正義者. 依一心法. 有二種門. 云何爲二. 一者心眞如門. 二者心生滅門. 是二種門皆各總攝一切法. 此義云何. 以是二門不相離故.
8) 心眞如者, 卽是一法界大總相法門體.

노끈과 뱀의 모양을 인정할 수 없다는 것이다)의 삼무성이 나타내는 진여를 대총상이라고 한다. 심진여를 일법계 즉 일심이라고 한 것은 생멸문과는 별다른 진여문(별상의 진여문)이란 뜻이라기보다는 진여·생멸의 두 문을 통틀어 포괄하는 총상법문을 의미한다. 또 법문이라 할 때 법은 궤범으로써 참된 이해를 낸다는 뜻이고, 문이란 통틀어 열반에 들어간다는 뜻이다. 체란 진여문이 의지하는 체이니 결국 일법계 전체가 생멸문이 되는 것처럼 일법계 전체가 진여문이 된다는 뜻이다. 왜냐하면 미진이 와기들을 이루므로 미진이 모든 와기들의 통상이어서 미진인 통상 이외에 따로 와기가 없고, 또한 와기들은 모두 미진에 포섭되니 와기들이 미진을 포섭하는 것처럼 진여문·생멸문은 하나가 아니면서도 둘이 아니다. 따라서 생멸문을 떠나서 진여문을 논할 수 없고 진여문을 떠나서 생멸문을 논할 수 없다. 일법계 즉 일심에 이러한 진여·생멸 이문이 모두 포섭되기 때문에 일법계 전체가 생멸문이 되고 또한 일법계 전체가 진여문이 되는 것이다.

심진여문에서는 심성이 평등하여 과거·현재·미래의 삼세를 멀리 떠났으므로 나지도 않고 변하지도 않는다.(圓成實性)

모든 존재 현상은 오직 망념(전도된 잘못된 생각)에 의해 차별이 있게 된다.(遍計所執相) 만약 망념을 떠난다면 일체의 대상 경계가 없을 것이다.(변계소집상이 없는 相無性) 그러므로 모든 존재 현상(依他起性)은 본래부터 음성으로 말할 수 있는 것이 아니며, 명구名句로 설명할 수 있는 것도 아니며, 마음으로 생각할 수 있는 것도 아니다. 결국 모든 존재 현상은 차별이 있지만 실은 차별할 만한 모습이 없으므로 말할 만한 본성의 차별을 떠나 있는 게 된다.(生無性) 이는 평등한 진여의 도리이다.(勝義無性) 즉 변하거나 달라진 것도 없으며 파괴할 수도 없다. 이는 오직 일심일 뿐이다. 그러므로 진여라 이름하는 것이다. 모든 문자나 음성은 임시적인 이름일 뿐 실체가 없고, 단지 망념을 따른 것이어서 그 실체를 얻을 수는 없다.

그런데 진여라 말했지만 진여라 할 만한 모습(相)은 없다. 언설의 궁극은 말에 의해 말을 버리는 것이기 때문이다. 진여의 체는 버릴 만한 것이 없다. 왜냐하면 모든 존재 현상이 다 참되기 때문이다. 또한 진여의 체는 주장할 만한 것이 없다. 왜냐하면 모든 존재 현상이 평등하기 때문이다. 모든 존재 현상은 말할 수도 없고 생각할 수도 없기 때문에 억지로 이름 붙여 진여라 한 것이다.[9]

> **해설**
>
> 말에 의해 말을 버린다는 것은 "조용히 해!"라는 소리로써 시끄러운 소리를 그치게 하는 것과 같다.

[물음] 만약 이와 같은 뜻이라면, 우리 중생들이 어떻게 닦아야(隨順) 정관正觀(正見)에 들어갈 수 있는가?

[답함] 모든 존재 현상이 설명할 수도 설명할 만한 것도 없으며 생각되지만 생각할 만한 것도 없음을 안다면, 이것이 바로 중도관中道觀을 닦는(隨順) 방법이 된다. 만약 망념을 떠난다면, 정견에 들어가게 되는 것이다.

설명할 수도 생각할 수도 없는 이 진여는 또한 언설로써 분별할 수 있다. 여기에는 두 가지 의미가 있는데, 첫째는 여실공如實空의 뜻이다. 모든 번뇌가 사라져(空) 필경에 실체를 나타낼 수 있기 때문이다. 둘째는 여실불공如實不空의 뜻이다. 진여 그 자체에 번뇌 없는 본성의 공덕을 갖추고 있기 때문이다.

---

9) 所謂心性不生不滅. 一切諸法唯依妄念而有差別. 若離心念, 則無一切境界之相. 是故一切法從本已來. 離言說相, 離名字相, 離心緣相, 畢竟平等. 無有變異. 不可破壞. 唯是一心故名眞如. 以一切言說, 假名無實, 但隨妄念, 不可得故. 言眞如者亦無有相, 謂言說之極, 因言遣言. 此眞如體無有可遣, 以一切法悉皆眞故. 亦無可立, 以一切法皆同如故. 當知一切法不可說不可念, 故名爲眞如.

먼저 여실공이라 할 때 공이란 본래부터 모든 염법(번뇌)이 없다는 뜻이다. 진여에는 주객의 분별이 없기 때문에 인식주관이 대상으로 삼을 만한 상도 없으며 외부대상을 인식하는 인식주체도 없다. 그러므로 진여의 자성은 모양이 있는 것도 아니요, 모양이 없는 것도 아니다. 모양이 있지 않은 것도 아니요, 모양이 없지 않은 것도 아니며, 모양이 있기도 하고 없기도 한 것도 아니다. 또한 같은 모양도 아니요 다른 모양도 아니며, 같은 모양이 아닌 것도 아니요 다른 모양이 아닌 것도 아니며, 같고 다른 모양을 함께 갖춘 것도 아니다. 이리하여 전체적으로 말하자면, 모든 중생은 번뇌의 마음이 있음으로 생각할 때마다 분별하여 다 진여와 상응하지 않기 때문에 공空이라 말한다. 그러나 만약 이 번뇌망상심을 떠난다면 실로 공이라 할 것도 없다.[10]

---

10) 問曰. 若如是義者, 諸衆生等, 云何隨順而能得入. 答曰. 若知一切法雖說無有能說可說. 雖念亦無能念可念, 是名隨順. 若離於念, 名爲得入. 復次眞如者, 依言說分別, 有二種義. 云何爲二. 一者如實空, 以能究竟顯實故. 二者如實不空, 以有自體具足無漏性功德故. 所言空者, 從本已來一切染法不相應故. 謂離一切法差別之相. 以無虛妄心念故. 當知眞如自性, 非有相, 非無相, 非非有相, 非非無相, 非有無俱相. 非一相, 非異相, 非非一相, 非非異相, 非一異俱相. 乃至總說, 依一切衆生以有妄心, 念念分別, 皆不相應. 故說爲空. 若離妄心, 實無可空故.

▌해설▐

모든 허망한 집착을 없애어(空) 진여 자성이 나타나는 것을 설명할 때 불교논리학에서는 유무有無・일이一異의 절사구絶四句를 사용한다. 증익 손감 희론 상위 등 세간의 집착이 다 진실이 아니라는 것(非)을 논리적으로 논파하는 것이다. 자세한 설명은 은정희 역주의 『원효의 대승기신론소・별기』, 113~118쪽 참조. 이를 알기 쉽게 도표화하면 다음과 같다.

非	有相 – 수론외도(Saṃkhya학파)의 주장	非	一相
	無相 – 승론외도(Vaiśeṣika학파)의 주장		異相
	非有相非無相 – 사명외도(Ājīvika교)의 주장		非一相非異相
	有無俱相 – 무참외도(Jina교)의 주장		一異俱相

여실불공에서 불공이라 한 것은 이미 진여법의 체에 번뇌가 없어 망념이 없음을 나타냈기 때문이다. 이는 바로 진심眞心이며 이 진심은 늘 변하지 않고 정법淨法을 구족했기 때문에 불공不空이라 한다. 그렇다고 해서 취할 만한 상이 있는 것은 아니다. 왜냐하면 분별하여 사량하는 전도된 생각을 떠난 경계는 오직 무분별지를 증득함으로써만 알 수 있기 때문이다.[11]

---

11) 所言不空者, 已顯法體空無妄故, 卽是眞心, 常恒不變, 淨法滿足, 則名不空. 亦無有相可取, 以離念境界, 唯證相應故.

나. 심생멸문

① 염정생멸

i) 심생멸

심생멸이란 여래장에 의거하여 생멸심이 있는 것을 말한다. 즉 자성청정한 불생불멸의 여래장심이 무명의 생멸심과 더불어 화합하여 심체가 둘이 아니게 되어서 같지도 않고 다르지도 않은 것을 아라야식阿黎耶識이라 한다.[12]

> **해설**
>
> 여기서 자성청정심인 여래장이 무명의 생멸심과 더불어 화합한다는 것은 바닷물 전체가 움직이므로 바닷물이 풍상風相(바닷물의 움직임)을 여의지 않고 움직이는 것마다 젖어 있지 않음이 없으므로 움직이는 물결(풍상)이 수상水相을 여의지 않은 것처럼, 생멸하지 않는 마음 전체가 움직이므로 마음이 무명의 생멸상을 여의지 않고 무명으로 생멸한 모습이 영묘한 알음알이(本覺) 아닌 것이 없기 때문에 생멸이 심상을 여의지 아니하는

---

[12] 心生滅者, 依如來藏故有生滅心. 所謂不生不滅, 與生滅和合, 非一非異. 名爲阿梨耶識.

것을 말한다.
같은 것도 아니고 다른 것도 아니라는 것은 생멸하지 않는 마음 그 전체가 움직이기 때문에 생멸심과 다르지 않은 것이요, 그러면서도 늘 자성청정의 여래장심을 잃지 않기 때문에 생멸심과 같지 않은 것이다.

이 아라야식에는 각의覺義와 불각의不覺義 두 가지 뜻이 있다. 아라야식은 모든 법을 포괄하며 모든 법을 낼 수 있다.[13]

해설

앞서 해석분의 현시정의顯示正義에서는 진여・생멸 두 문이 각각 일체법을 포괄한다고 하였다. 여기서는 하나의 식이 두 뜻을 함유하기 때문에 이 하나의 식이 일체법을 포괄하는 것이며 두 뜻이 각각 일체법을 포괄한다고 하지는 않았다. 왜냐하면 두 뜻은 오직 생멸문에서만 말하는 것이기 때문이고 따라서 두 뜻이 각각 일체법을 포섭할 수는 없기 때문이다. 그러니 일심의 뜻은 넓어서 진여・생멸 두 문을 총괄하나 식의 뜻은 좁아서 생멸문에 있음을 알아야 한다. 또 식의 두

---

13) 此識有二種義. 能攝一切法, 生一切法. 云何爲二, 一者覺義, 二者不覺義.

가지 뜻이 이미 생멸문에만 있기 때문에 문은 넓고 뜻은 좁음도 알아야 한다.

『기신론』은 일심에 심진여·심생멸의 이문이 있으며 다시 심생멸문에는 불생불멸의 여래장이 생멸심과 화합하여 생멸심과 같지도 않고 다르지도 않은 아라야식이 있다고 한다. 또한 아라야식에는 각의覺義와 불각의不覺義의 두 가지 면이 있다고 한다.

일심에 심진여·심생멸의 이문이 있다고 한 것은 우리 인간의 마음에 염·정, 선·불선의 양면성이 존재함을 의미한다. 그런데 이는 또한 『기신론』이 출현하기 전 인도의 대승불교 후기에 서로 대립 상태에 있던 중관학파와 유가학파의 주장을 각기 언표한 것이라 할 수 있다. 즉 심진여문이란 주로 일심의 자성청정한 면을 밝히고자 하는 중관계의 입장을 대표하고, 심생멸문이란 일심의 생멸염오한 면을 주로 설명하는 유가·유식계의 입장을 대표한다는 것이다. 그런데 다시 심생멸문 내에 각의와 불각의의 두 가지 면을 가진 아라야식을 설정한 것은 『기신론』의 구조가 이중성을 가진 것이 아닌가 하는 의문이 들 것이다. (도표 참조)

一心 ┬ 심진여문
　　 └ 심생멸문 ┬ 불생불멸(여래장)
　　　　　　　　 ＋　　　　　　　 ⟩ 아라야식 ┬ 각의
　　　　　　　 └ 생멸심　　　　　　　　　　　└ 불각의

『기신론』은 아라야식의 불각의로 인해 우리 범부들의 염오한 의식이 전개되고, 각의에 의해 앞서 전개한 염오한 의식들이 이제는 청정한 깨달음의 심원心源에로 돌아가게 됨을 밝힌다. 그렇다면 우리 범부 중생들이 실질적인 염·정 연기로 전개하는 데는 심생멸문 내의 아라야식이 그 기점이 되며, 앞서의 심진여문과 심생멸문의 설정은 아라야식의 각의와 불각의의 활동에 대한 대전제가 된다 하겠다. 또 원효는 그의 『기신론』 소·별기에서 불각의에 의한 염법연기에는 육추六麤(後述) 외에 삼세三細라는 세 가지의 미세한 무명업식·전식·현식이 아라야식 자리에 있음을 매우 여러 번(14번) 강조하였다. 자성청정심이 무명의 훈습을 받아 주객미분主客未分의 매우 미세한 움직임으로 변화하는데, 바로 이 삼세아라야식을 기점으로 점차 더 거친 염법(六麤)으로 전개되어 우리의 미오迷汚한 현실심을 이루는 것이다.

무명업식 등의 삼세가 아라야식 자리에 위치한다는 원효의 탁견은 결코 근거 없는 주장이 아니다. 『기신론』 본문을 통해서 충분히 입증할 수 있는 부분이다. 『기신론』 본문에 명시되어 있지 않은 내용을 원효가 두드러지게 밝혀낸 것은 그만큼 원효의 『기신론』 이해가 뛰어남을 말해 준다. 왜냐하면 유식학파에서는 아라야식을 막연한 잠재심으로서 망식(생멸식)이라고만 말하고 있는 것과 달리, 『기신론』에서는 아라야식을 진망화합식眞妄和合識이라고 말하기 때문이다. 즉 청정심(眞)과 생멸심(妄)이 화합하여 청정심이 생멸심과 같지 않고 다르지도 않게 된 것이 아라야식이라는 것이다. 아라야식을 막연한 생멸식에 지나지 않는다고 하면 우리 범부 중생들이 심원에 환멸할 수 있는 실천 단계의 설명에 충분치 못하다. 진망화합식이란 바로 진여청정심에 무명이 훈습되어 진망이 화합된 삼세라는 미세한 식들을 의미한다. 이것은 유식가에서보다 『기신론』에서 수행의 구체적인 면으로 제시했다는 점에서 매우 획기적인 것이라 할 수 있다.

원효는 그의 『기신론』 별기 종체문에서 『기신론』이 중관·유식의 지양·종합설임을 설파했고, 이 주장은 『기신론』의 기본틀인 심진여문과 심생멸문의 이문 구성으로 입증되었다. 더욱이 이는 아라야식 내의 각의와 불각의의 이의로 연결된다. 나아가 삼세가 아라야식이라는 그의 주장은 우리 마음의 염·정 양면성 중 각기 그 일면만을 대변하는 유식학파와 중관학파의 고집, 즉 진과 속을 별체로 보려는 편집偏執들을 꺾기 위해 출현한 논서라는 『기신론』의 입장을 아주 극명하게 드러낸다 할 것이다. 요컨대 『기신론』의 심진여·

> 심생멸의 이문으로부터 아라야식의 이의 그리고 삼세 아라야식설에 이르러서 『기신론』의 정신은 매우 체계적이고도 분명하게 밝혀진 것으로 생각된다.

· 각의

각의 뜻이란 심체가 번뇌망념을 떠나 불각不覺이 없음을 말한다. 번뇌망념을 떠났다는 것은 허공계와 같아서 어둠이 없을 뿐 아니라 지혜의 광명이 법계에 두루 비추지 않음이 없다는 것이다. 이는 평등하여 둘이 없는 하나의 모습 즉 여래의 평등한 법신이니, 이 법신에 의하여 이름하면 본각本覺이라 한다. 본각의 뜻은 시각의 뜻에 대해 말한 것이다. 시각이란 바로 본각과 같기 때문이다. 시각의 뜻은 본각에 의하기 때문에 불각이 있으며, 불각에 의하기 때문에 시각이 있음을 말한다. 즉 시각은 불각을 기다리고, 불각은 본각을 기다리며, 본각은 시각을 기다린다.[14]

---

14) 所言覺義者, 謂心體離念. 離念相者, 等虛空界, 無所不遍, 法界一相, 卽是如來平等法身. 依此法身說名本覺. 何以故. 本覺義者, 對始覺義說. 以始覺者, 卽同本覺. 始覺義者, 依本覺故而有不覺, 依不覺故說有始覺.

> **해설**
>
> 각의 뜻에는 본각과 시각의 두 가지 뜻이 있다. 본각이란 심성이 불각상을 떠난 것을 말하니 즉 각조覺照의 성질이다. 시각은 심체가 무명의 연을 따라 움직여서 번뇌망상을 일으키지만 본각의 훈습하는 힘에 의해 차츰 각의 작용을 일으켜 구경에 가서는 다시 본각과 같아진다. 불각의 뜻에도 근본불각과 지말불각枝末不覺의 두 가지가 있다. 근본불각이란 아라야식 내의 근본무명을 말하며 지말불각이란 근본무명에서 일어난 일체의 번뇌염법을 말한다. 식상識相의 차별로 근본이 지말과 다름을 구별하는 관점에서 보면 아라야식 중에 오직 본각과 근본불각이 있을 뿐이다. 만약 식체識體가 둘이 아니어서 지말을 포섭하여 근본에 돌아가게 하는 관점에서 보면 시각과 지말불각도 또한 아라야식 내의 뜻이다. 아라야식에 두 뜻이 있다고 한 것은 이와 같은 두 가지 종류의 각·불각 뜻을 모두 든 것이다.

또한 심원心源을 깨달았기 때문에 구경각究竟覺이라고 하니 이는 부처의 경지이다. 심원을 깨닫지 못했기 때문에 구경각이 아니라고 하니 이는 금강유정金剛喩定 이하이다.

(1) 십신十信의 자리에 있는 범부의 사람은 앞선 생각에

살생, 도둑질, 간음, 거짓말, 쓸데없는 말, 욕설, 이간질 하는 말 등의 일곱 가지 악이 일어난 것을 알기 때문에 뒤에 일어나는 그 악의 생각을 그치게 하여 일어나지 않게 한다. 이는 비록 각이라고 하지만 불각不覺이다. 왜냐하면 7가지 악(滅相)이 나쁜 것인 줄 알았지만 이것이 일심에서 나온 꿈인 줄은 아직 모르기 때문이다.

(2) 십주十住·십행十行·십회향十廻向의 지위에 있는 삼현보살三賢菩薩, 즉 이승의 관지觀智와 초발의보살 정도의 사람들은 생각의 이상異相을 깨달아 생각의 이상이 없다. 이는 역 경계와 순 경계를 분별하여 내는 탐貪·진瞋·치癡·만慢·의疑·견見 등의 추麤한 집착상(異相)은 버렸으나 아직 무분별無分別의 깨달음은 얻지 못했으므로 상사각相似覺이라 한다.

(3) 초지初地에서 십지十地까지의 법신보살法身菩薩들은 생각의 주상住相을 깨달아 생각의 주상이 없다. 이는 아치我癡·아견我見·아애我愛·아만我慢의 인아집人我執은 물론 법아집法我執의 분별상(住相)까지 벗어나 무분별각은 얻었으나 아직 미세념微細念까지는 여의지 못했으므로 수분각隨分覺이라 한다.

(4) 보살지菩薩地가 다한 무구지無垢地의 보살 즉 등각等覺보살은 방편도方便道에 들어 앞서의 불각·상사각·수분각의 마음이 하나로 통일되고(일념 상응), 무명에 의해 생긴 마음에

처음 일어나는 상(初相)을 깨달아 마음의 초상이 없게 되니, 미세념(업·전·현의 生相)에서 벗어나 심성을 보게 된다. 즉 본각本覺을 떠나서는 불각이 없으며 바로 동념動念이 정심靜心임을 증득해 알게 되어 마음이 상주하니 이를 구경각究竟覺이라 한다. 그러므로 경에서는 "만약 어떤 중생이 무념을 볼 수 있다면 곧 부처님 지혜에 향함이 된다"라고 하였다.[15]

> **해설**
>
> 불각에서 구경각까지의 4단계 시각始覺을 생·주·이·멸의 사상四相으로 설명했다. 사상이란 아함, 유부, 경부, 구사론 등에서 유위법有爲法의 생성, 지속, 쇠퇴, 소멸의 변화성을 네 가지 형상으로 구분한 것이다. 『기신론』에서는 사상을 시각始覺의 네 단계에 적용하여 다시 생삼生三, 주사住四, 이육異六, 멸칠滅七로 세분한다. 생상生相의 삼이란 첫째 무명업상無明業相이니 무명에

---

15) 又以覺心源故, 名究竟覺. 不覺心源故, 非究竟覺. 此義云何. (1)如凡夫人覺知前念起惡故, 能止後念令其不起. 雖復名覺, 卽是不覺故. (2)如二乘觀智, 初發意菩薩等, 覺於念異, 念無異相. 以捨麤分別執著相故, 名相似覺. (3)如法身菩薩等, 覺於念住, 念無住相以離分別麤念相故, 名隨分覺. (4)如菩薩地盡, 滿足方便, 一念相應覺心初起, 心無初相, 以遠離微細念故, 得見心性, 心卽常住, 名究竟覺. 是故修多羅說, 若有衆生能觀無念者, 則爲向佛智故.

의해 불각의 망념이 움직여 생멸하지만 아직 견분과 상분으로 나누어지지 않은 상태이다. 이는 마치 아직 오지 않은 생상이 장차 곧 작용하려는 때에 이른 것과 같다. 둘째는 전상轉相이니 마음이 움직임에 따라 그 다음에 볼 수 있게 되는 것(能見)을 말한다. 이는 마치 아직 오지 않은 생상이 막 작용하는 때에 이른 것과 같다. 셋째는 현상現相이니 볼 수 있게 됨을 따라 대상의 경계를 나타내는 것을 말한다. 이는 마치 아직 오지 않은 생상이 지금 막 이른 것과 같다. 이 셋은 모두 아라야식 자리에 있다.

주상住相의 넷이란 무명이 생상과 화합하여 그 마음에 원래 아와 아소가 없음을 모르게 되어 아치·아견·아애·아만의 네 가지 머무는 모양(住相)을 일으키는 것을 말한다. 이 네 가지가 생상을 따라 상을 만들어내는 주체(能相)인 심체를 일으켜 주상의 자리에 이르게 하여 안으로 반연하여 머물게 하기 때문에 주상이라 한다. 이 넷은 모두 제칠식의 자리에 있다.

이상異相의 여섯이라 함은 무명이 주상과 화합하여 주상의 아·아소가 공한 것임을 깨닫지 못하게 되어 탐·진·치·만·의·견의 이상을 일으키는 것을 말한다. 무명이 이 여섯 가지와 화합하여 능상인 주심을 이상의 자리에 이르게 하여 밖으로 향하여 반연케 하기 때문에 이상이라 한다. 이 여섯은 생기식의 자리에 있다.
멸상滅相의 일곱은 무명이 이상과 화합하여 바깥 경계가 위違·순順의 성격을 떠난 것임을 깨닫지 못하게 되어 신삼身三(살생·도둑질·간음), 구사口四(거짓말, 욕설, 쓸데없는 말, 이간질 하는 말)의 일곱 가지 멸상을 일으키는 것을 말한다.

결국 이러한 사상四相의 일어남을 통해 일심이 근본 무명으로 인해 유전流轉하고 있음을 알 수 있다. 『기신론』은 이 사상으로써 불각·상사각·수분각·구경각의 단계적 강하를 밝힌 것이다. 시각 각 단계의 설명을 시각 실천의 주체인 능각인能覺人, 깨달아진 내용인 소각상所覺相, 깨달음에서 얻게 되는 이익인 각이익覺利益, 깨달음의 정도를 일컫는 각분제覺分齊의 넷으로 구분하여 알기 쉽게 정리하면 다음과 같다.

① 불각不覺
· 능각인 : 십신자리의 범부이다.
· 소각상 : 십신 전에는 7가지 악업을 일으켰으나 이제는 7가지 악업이 선이 아님을 알게 된다.
· 각이익 : 7가지 악업을 그치어 다시는 일어나지 않게 한다.
· 각분제 : 멸상이 선이 아닌 줄은 알았으나 아직 멸상이 허망한 생각인 줄은 깨닫지 못하였다.

② 상사각相似覺
- 능각인 : 십주 이상 삼현보살이다.
- 소각상 : 탐·진 등의 6가지 이상이 허망한 것임을 깨닫는다.
- 각이익 : 6가지 이상이 영구히 없어지게 된다.
- 각분제 : 탐·진 등의 추한 집착상은 버렸으나 아직 무분별의 깨달음은 얻지 못하였다.

③ 수분각隨分覺
- 능각인 : 법신 보살 즉 초지에서 십지까지의 보살이다.
- 소각상 : 아공 법공의 이공을 통달하게 된다.
- 각이익 : 4가지 주상이 없어져서 일어나지 않는다.
- 각분제 : 무분별각은 얻었으나 아직 생상의 미세념이 남아 있다.

④ 구경각究竟覺
- 능각인 : 무구지無垢地 즉 마지막 단계의 보살이다.
- 소각상 : 마음이 처음 일어남(心初起相)을 깨닫게 된다.
- 각이익 : 마음에 처음의 일어남이 없어진다.
- 각분제 : 업상 등의 미세념을 완전히 없앤다. 이때가 바로 부처의 경지이다. 여기서는 다시 더 나아갈 바가 없어 시각이 본각과 다르지 않으므로 구경각이라 한다.

또 구경각에서 마음이 일어난다는 것은 알 만한 초상이 없다는 것이다. 이는 방향을 모를 때는 동쪽을 서쪽이라 하다가 방향을 알았을 때 서쪽이 동쪽임을 아는 것과 같다. 알 만한 초상이 없는데도 초상을 안다는 것은 바로 무념을 말한다. 여래가 마음을 깨달았을 때에 처음의 움직이는 모습이 바로 본래 고요한 것인 줄 알기 때문이다. 금강심 이하의 모든 중생이 깨달았다고 하지 못하는 것은 중생은 본래부터 망념의 생각이 계속 이어져 아직 망념을 떠나 본 적이 없기 때문이다. 이를 무시무명無始無明이라 한다. 만약 망념이 없어져 심원에 이르면 일심이 동요하여 사상으로 차별되었던 것을 알게 되기 때문에 심상의 생주이멸 또한 알게 되고 무념과 같아져 시각의 차별이 없어지게 된다. 사상이 일심에 의하여 이루어진 것이므로 일심을 떠나서는 따로 자체가 없다. 따라서 사상이 동시에 있어서 모두 자립함이 없으며 자립함이 없기 때문에 본래 평등하여 본각과 같아진다.

 이제 본각이 중생들의 근기에 맞추어 분별하여 두 가지 상을 내지만 이 두 가지 상이 본각과 서로 떨어지거나 달라지는 것은 아니다. 두 가지 상이란 첫째 지정상智淨相이고 둘째는 부사의업상不思議業相이다.

 지정상이란 수염본각隨染本覺의 상이다. 진여법의 내훈하

는 힘에 의해 여실히 수행하여 무구지에 이르러 방편을 완전히 구족하게 되었을 때 미세념인 진망화합식眞妄和合識 내의 생멸상을 깨뜨리고 그것의 불생불멸이라는 본성을 나타낼 수 있다. 이때 화합식 내의 생멸하는 마음인 상속심 가운데 업상·전상을 없애어 수염본각의 마음으로 하여금 드디어 근원으로 돌아가게 하여 맑고 깨끗한 지혜를 이루게 하는 것을 말한다. 업식·전식 등 모든 식의 상이 무명에 의해 일어난 것이어서 모두 불각상不覺相이며 모든 식의 불각상이 수염본각의 성질을 여의지 않았기 때문에, 무명의 상은 본각의 성질과 같지도 않고 다르지도 않다. 다르지 않기 때문에 깨뜨릴 수 있는 것이 아니고, 같지 않기 때문에 깨뜨릴 수 없는 것도 아니다. 만일 다르지 않기 때문에 깨뜨릴 수 있는 것이 아니라는 뜻에 따른다면 무명이 바뀌어 곧 명明이 될 것이며, 만일 같지 않기 때문에 깨뜨릴 수 없는 것이 아니라는 뜻에 따른다면 무명은 없어지더라도 본각의 성질은 깨뜨려지지 않을 것이다. 여기서는 같지 않다는 점에 의하기 때문에 상속심의 상을 없앨 수 있다.

또한 이것은 큰 바닷물이 바람에 의해 물결을 만들며 움직일 때는 물의 모양과 바람의 모양이 서로 떨어지지 않지만, 물은 움직이는 성질이 아닌지라 만일 바람이 그치면 움직이는 모양(물결)은 곧 없어지나 물의 젖는 성질은 없어지지 않는 것과 같다. 중생의 자성청정심도 무명의 바람에 의해 움직일 때는 청정한 마음과 무명 모두 형상이 없어져 서로 떨어지지 않지만, 청정한 마음은 움직이는 성질이 아닌지라 만일 무명이 없어지면 상속하는 것은 곧 없어지고 지혜의 신해神解한 성질은 없어지지 않는다.

부사의업상이란 본각이 깨끗함에 돌아왔을 때의 업용이다. 이는 위의 수염본각 마음이 비로소 맑고 깨끗하여짐은 바로 시각의 지혜이니, 이 지혜의 힘에 의해 응화신應化身을 나타냄을 말한다. 즉 여기서 나타난 무량한 공덕의 상은 시작도 없고 끝도 없이 서로 이어져 끊어지지 않으며 중생의 근기에 따라 여러 가지로 나타나서 이익을 얻게 한다.16)

---

16) 又心起者, 無有初相可知. 而言知初相者, 卽謂無念. 是故一切衆生不名爲覺. 以從本來念念相續, 未曾離念, 故說無始無明. 若得無念者, 則知心相生住異滅. 以無念等故. 而實無有始覺之異. 以四相俱時而有. 皆無自立, 本來平等, 同一覺故復次本覺隨染分別, 生二種相, 與彼本覺不相捨離. 云何爲二. 一者智淨相. 二者不思議業相. 智淨相者. 謂依法力熏習, 如實修行, 滿足方便故. 破和合識相. 滅相續心相. 顯現法身, 智淳淨故. 此義云何. 以一切心識之相, 皆是無明. 無明之相, 不離覺性. 非不壞. 非不可壞. 如大海水, 因風波動. 水相風相不相捨離. 而水非動性. 若風止滅, 動相則滅, 濕性不壞故. 如是衆生自性淸淨心, 因無明風動. 心與無明俱無形相, 不相捨離. 而心非動性. 若無明滅, 相續則滅, 智性不壞故. 不思議業相者, 以依智淨, 能作一切勝妙境界. 所謂無量功德之相, 常無斷絶. 隨衆生根, 自然相應, 種種而見,

> **해설**
>
> 지정상이란 번뇌장과 지장을 멀리 여의어 해탈을 얻은 것이다. 즉 자기의 이익을 성취하는 것(自利)과 같다. 부사의업상이란 이미 자신의 이익을 성취하고 나서는 무시의 때로부터 자연히 저 응화신에 의해 세간의 자재한 위력과 행위를 나타내는 것이다. 즉 다른 사람의 이익을 성취하게 하는 것(利他)과 같다. 지정상에 이르러 무분별지를 얻어 심원에 이른 사람은 부사의업상을 절로 행하지 않을 수 없는데 따라서 제대로 된 부사의업상을 제대로 발휘하려면 지정상 즉 근본무분별지를 먼저 갖추어야만 된다. 이 불사의업상이야 말로 원효가 늘 강조하는 부주열반(열반에 머물지 않음) 바로 그것이다. 성자聖者 혼자서 열반락을 누리는 것은 아무 가치가 없는 것이요, 중생과 함께할 때 비로소 성인의 진가가 나오기 때문이다.

각체상覺體相(성정본각의 체가 지니는 상)에는 두루하지 않음이 없는, 허공의 성질과 얼룩을 여의어 모습을 나타내는 맑은 거울의 성질이 있으며 이에 네 가지 큰 뜻이 있다.

得利益故.

첫째는 여실공경如實空鏡이니 이는 모든 마음의 경계상을 멀리 여의어서 나타낼 만한 현상이 없는지라 각조覺照의 뜻이 아니다.

둘째는 인훈습경因熏習鏡이니 여실불공如實不空을 말한다. 모든 세간의 경계가 그 가운데 나타나므로 벗어나 있지 않고 그러면서도 그것을 더럽힐 수 없으므로 첨가되지 아니한다. 그리고 곳에 따라 형상을 나타내는 것이 본각의 양능과 같아서 허공계와 같고, 삼세의 모든 때에 두루하여 생각생각을 잃지도 않고 깨뜨리지도 않아서, 일심에 항상 머무른다. 일체법이 곧 진실성이기 때문이다. 또 모든 염법이 깨끗한 마음을 더럽힐 수 없으니 지체智體는 움직이지 아니하여 무루無漏를 갖추어 중생을 훈습하기 때문이다.

셋째는 법출리경法出離鏡이니 불공법不空法이 번뇌애와 지애를 벗어나고 화합상을 여의어서 깨끗하고 맑고 밝게 되는 것이다.

넷째는 연훈습경緣熏習鏡이니 법출리에 의하므로 중생의 마음을 두루 비추어 선근을 닦도록 하여 중생의 생각에 따라 온갖 교화를 나타내는 것이다.[17]

---

17) 復次覺體相者, 有四種大義, 與虛空等, 猶如淨鏡. 云何爲四. 一者如實空鏡. 遠離一切心境界相. 無法可現非覺照義故. 二者因熏習鏡. 謂

> **해설**

각체상의 네 가지 뜻 가운데 첫 번째와 세 번째는 얼룩을 여의었다는 뜻 때문에 맑은 거울에 비유하였고, 두 번째와 네 번째는 형상을 나타내는 뜻 때문에 맑다는 뜻을 두었다. 앞의 둘은 인성因性에 있고 뒤의 둘은 과지果地에 있다. 두 번째 인훈습이란 성공덕이 바른 인연을 지어서 중생의 마음을 훈습하여 생사를 싫어하고 열반 구하기를 즐기는 마음과 모든 가행을 일으켜서 불과佛果에 이르게 함을 뜻한다. 여기서 경이란 모든 법이 그 가운데 나타나기 때문에 거울이라고 하였다. 네 번째 연훈습이란 비로소 대원경지를 일으켜 증상연을 지어 중생의 마음을 훈습하여 생사를 싫어하고 열반 구하기를 즐기는 마음과 모든 가행을 일으켜 불과에 이르게 함을 뜻한다. 여기서 경이란 이러한 모든 행덕이 대원경지를 여의지 않아 이를 저 지혜의 그림자이며 따라서 거울이라고 한 것이다.

네 번째 연훈습경 중생교화의 뜻은 앞서의 수염본각

如實不空. 一切世間境界, 悉於中現. 不出不入, 不失不壞, 常住一心. 以一切法卽眞實性故. 又一切染法所不能染. 智體不動, 具足無漏, 熏衆生故. 三者法出離鏡, 謂不空法, 出煩惱礙, 智礙. 離和合相. 淳淨明故. 四者緣熏習鏡. 謂依法出離故. 遍照衆生之心. 令修善根, 隨念示現故.

> 의 작용과 어떻게 다른가? 부사의업상에서는 응신과 시각의 업용을 밝히고 연훈습경에서는 본각과 법신의 작용을 나타낸다. 시각을 일으킨 쪽에서 본다면 연의 상속에 따라 이익을 얻게 하니 수염본각은 본래 서로 관련되어 친소가 있기 때문이다. 본각을 나타낸 쪽에서 본다면 근기가 성숙된 정도에 따라 널리 이익 되게 하여 연의 상속을 가리지 않으니 본래의 성정본각은 일체에 고루 통하여 친소가 없기 때문이다.

· 불각의

불각不覺의 뜻이란 진여법이 하나임을 참으로 알지 못하여 (근본무명을 말함) 불각의 마음이 일어나 망념이 있게 된 것(업상의 동념을 말함)을 말한다. 그러나 망념은 자상이 없어서 본각을 여의지 않았으니, 마치 방향을 잃은 사람이 방향에만 의지하기 때문에 길을 잃게 되었으나 만약 방향에 의존하는 마음을 떠난다면 길 잃을 것이 없어지는 바와 같다. 중생도 이와 같아서, 각에 의존하면 혼미하게 되나 만약 각의 성질을 여읜다면 불각이 없을 것이다. 불각의 망상심이 있기 때문에 명의名義를 알아서 언설을 두어 진각眞覺이라 말한다. 만약 불각의 마음을 여읜다면 진각의 자상이라고 말할 만한 것도 없다.

또한 불각에 의존하기 때문에 세 가지 상이 생겨 이 지말 불각이 저 근본불각과 더불어 상응하여 여의지 않는다. 첫째는 무명업상이니 무명불각으로써 마음이 움직이는 것을 업이라 한다. 깨닫지 못하면 움직이는 것이니 깨달으면 움직이지 않는다. 움직임이 없이 적정하면 곧 극락이지만 움직이면 고통이 있게 됨은, 결과가 있으면 반드시 그에 원인이 있기 때문이다.

두 번째는 능견상 즉 전상이다. 앞의 업상에 의해 점차로 능연能緣(능견)을 이루니 이러한 움직임에 의해 볼 수 있게 된다. 움직이지 않는다면 볼 것도 없을 것이다. 성정문에 의하면 능견이 없다.

세 번째는 경계상 즉 현상이다. 앞의 능견에 의하여 경계가 거짓되이 나타나므로 견을 여읜다면 경계가 없을 것이다.

앞의 현식은 나타낸 경계에 따라 다시 여섯 가지의 추상麤相을 낸다. 첫째는 지상智相이다. 이는 대상 경계에 의해 마음이 일어나 좋아하고 좋아하지 않음을 분별하기 때문이다. 갖추어 말하면 아라야식을 반연하여 아我라고 계탁하고, 아라야식이 나타낸 경계를 반연하여 아소我所라고 계탁한다. 둘째는 상속상相續相이다. 이는 지상에 의해 그 고락을 내어서 각 관심으로 법집분별의 망념을 일으켜 상응하여 끊어지지 않기 때문이다. 셋째는 집취상執取相이다. 상속식에 의해 경계를 위

違·순順으로 분별하여 고락을 받아들여서 마음에 집착을 일으키기 때문이다. 넷째는 계명자상計名字相이다. 이는 잘못된 집착에 의하여 위·순 등의 거짓된 명칭과 언설의 상을 분별하기 때문이다. 다섯째는 기업상起業相이다. 명칭 언설에 의해 이름을 따라가면서 사수를 일으켜 집착하여 여러 가지 선악의 행동을 짓기 때문이다. 여섯째는 업계고상業繫苦相이다. 행온行蘊이 만든 업에 의해 삼계와 육취의 과보를 받아들여 자재하지 못하기 때문이다.18)

> **해설**
> 우리의 청정한 마음이 무명의 훈습을 받아 불각심不覺心이 처음으로 일어나는 최초의 단계를 무명업상無明

---

18) 所言不覺義者, 謂不如實知眞如法一故, 不覺心起而有其念. 念無自相, 不離本覺. 猶如迷人, 依方故迷. 若離於方則無有迷. 衆生亦爾. 依覺故迷. 若離覺性則無不覺. 以有不覺妄想心故, 能知名義, 爲說眞覺. 若離不覺之心, 則無眞覺自相可說. 復次依不覺故生三種相. 與彼不覺相應不離. 云何爲三. 一者無明業相. 以依不覺故心動, 說名爲業. 覺則不動. 動則有苦. 果不離因故. 二者能見相. 以依動故能見. 不動則無見. 三者境界相. 以依能見故境界妄現. 離見則無境界. 以有境界緣故, 復生六種相. 云何爲六. 一者智相. 依於境界, 心起分別, 愛與不愛故. 二者相續相. 依於智故, 生其苦樂, 覺心起念, 相應不斷故. 三者執取相. 依於相續, 緣念境界, 住持苦樂, 心起著故. 四者計名字相. 依於妄執, 分別假名言相故. 五者起業相. 依於名字, 尋名取著, 造種種業故. 六者業繫苦相. 以依業受果, 不自在故.

業相이라 한다. 그러나 이 무명업상은 그 움직임이 너무나 미세하여 아직 주객미분의 상태이다. 갑돌이가 갑순이를 처음 대했을 때, 갑돌이의 마음에는 갑순이에 대해 거의 아무런 파문이 일지 않는다. 다만 갑순이를 대하기 전과는 아주 조금 다를 뿐이다. 이를 '꿈틀한다'의 표현을 빌리자면 '꿈틀'의 '꿈'도 아니고 'ㄲ'의 단계가 시작될까 말까 한 경계이다.

다음은 무명업상의 지극히 미세한 동념動念에 의해 능견能見의 작용은 있지만 아직 소연경상所緣境相은 드러내지 않고 다만 밖으로 향하고 있을 뿐 경계(대상)를 의식하지 않는 상태, 즉 갑돌이가 갑순이를 대하여 'ㄲ'의 단계가 시작되었지만 갑순이를 바라만 볼 뿐 그녀에 대한 인식이 거의 없는 상태이다. 이를 능견상 또는 전상 轉相이라 한다.

이제 세 번째 경계상境界相(즉 現相)은 앞서 전상의 능견 작용에 의해 마치 맑은 거울이 만상을 나타내는 것처럼 경계가 나타나게 되는 상태이다. 즉 갑돌이가 갑순이를 대하면서 비로소 인식하게 되지만 이것은 그냥 상대가 있다는 것을 인식할 뿐, 아직 아무런 호오好惡의 감정을 갖지 않은 것이니 여기서 '꿈틀'의 '꿈' 정도의 단계에 이른 것이다.

이상의 세 가지 업상, 전상, 현상은 그 작용이 매우 미세하여 이를 삼세三細(세 가지 미세념)라 하며, 이것들이 아라야식의 자리에 있음을 원효는 그의 소·별기에서 매우 강하게 주장한다. 이 무의식 단계인 업, 전, 현의 삼상은 그 마지막 경계상에 의해 다시 육추六麤의 첫 단계인 지상智相으로 발전한다. 지상은 경계가 본래 마음(心)에서 나타난 것임을 모르고 마음 밖에 실재하는 것으로 망상하여 이에 개개의 사물을 좋다, 나쁘다고 헛되이 분별한다. 즉 갑돌이는 갑순이를 대하자 꿈틀하면서 비로소 좋다는 감정을 갖게 되는데, 이는 대상을 경험한 후에 일어나는 좋다는 감정이 아니고 대상을 대할 때 즉각적으로 일어나는 선험적인 호오의 감정일 뿐이다. 원효는 이러한 제칠식의 지상을 아치, 아견, 아애, 아만의 네 가지 번뇌와 상응한다고 한다. 지상 다음으로는 상속상이다. 지상에 의해 고락苦樂을 내고 그 고락의 생각이 상응하여 계속되는 상태이다. 즉 갑돌이가 갑순이에게 품은 좋은 감정이 계속되어 끊어지지 않는 상태이다. 이 상속상에 의하여 다시 경계(대상)를 연념緣念하고 호오를 분별함으로써 고락의 생각을 계속 가져 다시 집착하는 마음을 일으키는 자리가 집취상執取相이다. 즉 갑돌이는 갑순이에 대해 좋다는 생각을 지속시키면서 점점 더 집착을 하게 되는 상태이다. 이러한 집취상의 헛된 집착에 의해 다시 바깥사물에 대해 좋다든가 나쁘다는 임시 이름을 세우고 그 이름의 상을 분별, 계탁하는 것이 계명자상計名字相이다. 즉 갑돌이의 갑순이에 대한 집착이 더욱 강해져 이제는 갑순이처럼 갸름한 얼굴, 날씬한 몸매 등만 좋다고 집착하는 것이다. 기업상起業相은 앞선 갑순이의 이미지에 집착하게 되어(즉 더욱 강해진 집착심에 의해) 다시 생각을 일으켜 선악을 만들어 내는 자리이다. 즉 갑순을 위해 갑돌이는 무슨 짓이든 할 수 있는 것이다. 업계고상業繫苦相은 제칠식과 육식에 해당하는 육추 중에서 칠식을 제외한 제육식에서 생긴 과보로서 삼계육취三界六趣의 괴로운 과보를 받아 자재하지 못한 상태이다. 즉 갑돌이는 갑순이로 인해 괴로움에 빠진다. 무의식에 해당하는 삼세에 비해 지상을 제외한 육추는 이름 그대로 우리 범부들조차 그 의식의 흐름을 능히 감지할 수 있을 정도의 거친 의식이다. 이상의 삼세육추의 순서는 자성이 청정한 진여의 마음이 무명의 훈습을 받아 어떻게 점점 거칠게 변화해 가는가(染法緣起)를 설명한 것이다. 이러한 미오한 현실심을 수행, 극복하여 원래의 청정한 심원心源에 도달할 수 있는(淨法緣起) 방안을 설명한 것이 시각始覺의 네 단계이다.
업상이 비록 동념이 있다고 하나 매우 미세하여 능·소가 나누어지지 않음은 근본무명과 같다. 전상이 비록 능연이 있으나 바라보는 대상의 모습은 아직 나타낼 수 없다. 다만 밖으로 향하는 것일 뿐 경계에 의탁하지 않기 때문이다. 경계상 즉 현상現相은 앞의 능견에 의해 경계가 거짓 나타나는 것이다. 이 세 가지가 오직 무명에 의해 움직이기 때문에 제팔식(아라야식)에 있으며 뒤의 여섯 가지 추상은 미세념의 마지막 단계인 경계상에 의해 움직이므로 제칠식에 있다.

이상의 여섯 가지는 앞의 세 가지 세상에 비해 추상이다. 여기서 지상은 칠식이고 다음 네 가지 상은 생기식에 있으며 나중의 업계고상은 저것들이 낸 과보이다.

무명無明은 모든 번뇌 염법染法을 내니, 모든 번뇌 염법은 다 깨닫지 못한 불각상不覺相이다.[19]

> ▌해설▐
> 앞에서 3가지의 세상細相과 6가지의 추상麤相이라는 모든 염법을 내는 근본은 무명주지無明住地임을 알아야 한다. 염법에 거친 것과 세밀한 것이 있지만 모두 모든 존재 현상의 실상을 깨닫지 못한 것이기 때문이다.

---

19) 當知無明能生一切染法. 以一切染法, 皆是不覺相故.

또한 각覺과 불각不覺에는 두 가지 상이 있으니, 첫째는 동상同相이고 둘째는 이상異相이다. 동상이란 비유하자면 여러 가지 와기瓦器가 모두 똑같이 점토로 이루어진 모습인 것처럼 무루無漏의 본각과 시각, 무명의 근본불각·지말불각 등 여러 가지 업환業幻도 다 똑같이 진여의 다른 모습임을 말한다. 그러므로 『능가경』에서는 이러한 진여의 뜻에 따라 "모든 중생은 본래 열반·보리의 법에 상주하여 들어가 있는 것이니, 이 열반·보리의 법은 닦을 수 있는 상이 아니며 지을 수 있는 상이 아니어서 끝내 얻을 수 없는 것이다. 또한 원래 볼 만한 색상色相은 없으나 색상을 볼 수 있는 것은 오직 번뇌 염법의 업환에 따라 만들어진 것일 뿐 본각 지상智相의 성공덕은 아니다. 지상은 볼 만한 것이 없기 때문이다"라고 하였다. 이상異相이란 여러 가지의 와기가 각기 동일하지 않은 것처럼, 무루의 시각 본각은 수염환隨染幻의 차별상이며 무명의 근본불각·지말불각은 성염환性染幻의 차별상이다.[20]

---

20) 復次覺與不覺有二種相. 云何爲二. 一者同相. 二者異相. 同相者. 譬如種種瓦器, 皆同微塵性相. 如是無漏無明種種業幻, 皆同眞如性相. 是故修多羅中, 依於此眞如義故, 說一切衆生本來常住入於涅槃菩提之法, 非可修相, 非可作相. 畢竟無得. 亦無色相可見. 而有見色相者. 唯是隨染業幻所作. 非是智色不空之性. 以智相無可見故異相者. 如種種瓦器, 各各不同. 如是無漏無明, 隨染幻差別, 性染幻差別故.

> ■해설■
>
> 수염환隨染幻 차별이란 시각·본각은 다 평등성을 따라 그 본성을 두기 때문에 차별이 없지만, 다만 번뇌염법의 차별상을 따르기 때문에 무루법에 차별이 있다고 한 것이다. 업식·전식 등 염법의 차별에 대해 본각의 한량없는 성공덕을 말하였다. 이러한 업식 등 염법의 차별을 대치하기 위해 시각의 온갖 덕의 차별이 있는 것이다. 성염환性染幻 차별이란 근본·지말의 무명은 평등성을 어긴 것이니, 그 본성에 스스로 차별이 있음을 말한다.

ii) 생멸인연

생멸인연이란 중생이 마음에 의해 의意와 의식意識이 전변하는 것이다. 이것은 무슨 뜻인가?[21]

> ■해설■
>
> 생멸인연에는 두 가지 뜻이 있다. 아라야식의 심체心體가 모든 법을 만들어 내므로 이가 생멸인生滅因이고, 근본무명이 이 심체를 훈습하여 움직이게 하므로 이는

---

21) 復次生滅因緣者. 所謂衆生依心, 意, 意識轉故. 此義云何.

> 생멸연生滅緣이다. 또한 무명주지는 모든 염법의 근본
> 으로 모든 생멸을 일으키므로 인因이며 육진六塵의 경
> 계는 칠식의 물결을 일으키므로 생멸연이다.

· 오의와 의식

아라야식에 의해 무명이 있으니, 불각하여 일어나서(업식) 볼 수 있고(전식) 나타낼 수 있으며(현식) 경계를 취할 수 있어서 망념을 일으켜(지식) 서로 이어지기 때문에(상속식) 의意라고 한다.

의에는 다시 다섯 가지 이름이 있다. 첫째는 업식業識이다. 이는 아라야 심체가 무명의 훈습에 의해 모든 존재 현상의 실상을 깨닫지 못하고 전체가 일어나 움직이기 때문이다. 둘째는 전식轉識이다. 저 심체가 움직여져 차츰 볼 수 있게 되기(能見) 때문이다. 셋째는 현식現識이다. 심체가 다시 모든 대상 경계를 나타냄이 마치 밝은 거울이 물체의 형상을 나타내는 것과 같다. 이 현식은 색·성·향·미·촉의 다섯 가지 경계를 따라 대상에 이르면 곧 나타내서 앞뒤가 없다. 언제든지 멋대로 일어나서 항상 눈앞에 있기 때문이다. 넷째는 지식智識이다. 현식이 나타낸 경계에 대해 아我와 아소我所라 계탁하여 염법과 정법을 분별하기 때문이다. 다섯째는 상속식相續識이

다. 이는 염·정으로 분별하는 경계에 대해 계속 분별심(法執)을 일으켜 끊이지 않기 때문이다. 이 상속식은 탐욕의 번뇌를 일으켜 과거 한량없는 기간동안의 선악의 업을 간직하여 잃어버리지 않게 하기 때문이며, 또 윤생번뇌를 일으켜 현재와 미래의 고락 등 과보를 성숙시켜 어긋남이 없게 하기 때문에, 현재 이미 지나간 일을 문득 생각하게 하고 미래의 일을 자기도 모르게 잘못 생각하게 한다. 이러한 거친 분별은 지식의 미세한 분별과 같지 않다.[22]

> **해설**
>
> 이상의 업식, 전식, 현식, 지식, 상속식의 5식을 아라야식 심체(心體)인 심(心) 다음의 '의(意)'라 한다.

이와 같이 아라야식의 심체가 무명의 훈습에 의해 업식에

---

22) 以依阿梨耶識, 說有無明. 不覺而起. 能見能現. 能取境界. 起念相續. 故說爲意. 此意復有五種名. 云何爲五. 一者名爲業識謂無明力不覺心動故. 二者名爲轉識. 依於動心能見相故. 三者名爲現識. 所謂能現一切境界. 猶如明鏡現於色像. 現識亦爾. 隨其五塵對至卽現, 無有前後. 以一切時任運而起, 常在前故. 四者名爲智識, 謂分別染淨法故. 五者名爲相續識. 以念相應不斷故. 住持過去無量世等善惡之業令不失故. 復能成熟現在未來苦樂等報. 無差違故. 能令現在已經之事, 忽然而念. 未來之事, 不覺妄慮.

서 상속식까지 이르게 되므로 삼계三界는 실재하는 것이 아니라 거짓된 것이요, 오직 마음이 지은 것이며, 따라서 마음을 여의면 육진경계가 없어진다. 모든 존재 현상은 모두 마음으로부터 일어나 잘못 생각하여 생긴 것이어서 모든 분별은 곧 자기마음(自心)을 분별하는 것이다. 또 마음은 마음 스스로를 보지 못한다. 이미 볼 만한 대상이 없고 또한 스스로를 볼 수도 없다. 이처럼 볼 대상도 보는 주체도 다 성립하지 못하니 얻을 만한 상도 없다.

세간의 모든 대상 경계는 다 중생의 무명망심에 의하여 존재한다. 따라서 모든 존재 현상은 거울 가운데의 형상과 같아서 얻을 만한 실체가 없고 오직 마음일 뿐 허망한 것임을 알아야 한다. 마음이 일어나면 갖가지의 존재 현상이 일어나고 마음이 없어지면 갖가지의 존재 현상이 없어지기 때문이다.

다음으로 의식意識이라 함은 상속식이 모든 범부의 집착함을 점점 깊어지게 함으로써 나(我)라고 집착하고 내 것(我所)이라 집착하여 이러한 여러 가지 망집으로 일에 따라 반연하여 육진을 분별함을 말한다. 이 의식을 육근六根에 의해 각각 육진을 취한다는 뜻에서 분리식分離識이라고도 하고, 견수번뇌見修煩惱(見愛煩惱)에 의해 증장되어 안과 밖의 여러 가지 일을 분별할 수 있기 때문에 분별사식分別事識이라고도 한다.[23]

> **해설**
>
> 견애번뇌란 도리에 미혹한 번뇌인 견혹見惑과 사사事에 미혹한 것으로 정서적인 애착, 탐 등의 번뇌 즉 정의적인 번뇌인 수혹을 말한다. 원효에 의하면 삼세는 아라야식에, 지식은 제칠식에, 그리고 상속식에서 기업식까지는 분별사식 즉 제육의식에 배대하고 있다. 그런데 이 생멸인연편에서는 상속식을 오의 안에 두어 의식과 구별하고 있다. 상속식은 법집분별과 상응하여 뒤의 것(의식)을 낸다는 뜻으로 보면 의이며 견애번뇌를 일으켜 앞의 것(의)에 따라 생긴다는 뜻으로 보면 의식이다.

무명의 훈습에 의해 일어난 식은 범부가 알 수 있는 것이 아니며 또한 이승二乘의 지혜로 깨달을 수 있는 것도 아니다. 보살이 처음의 정신正信(십신 중의 처음 단계)에서 발심하고 관찰

---

23) 是故三界虛僞, 唯心所作. 離心則無六塵境界. 此義云何. 以一切法, 皆從心起, 妄念而生. 一切分別, 卽分別自心. 心不見心, 無相可得. 當知世間一切境界, 皆依衆生無明妄心而得住持. 是故一切法, 如鏡中像, 無體可得. 唯心虛妄. 以心生則種種法生. 心滅則種種法滅故. 復次言意識者. 卽此相續識. 依諸凡夫取著轉深計我我所. 種種妄執隨事攀緣. 分別六塵名爲意識. 亦名分離識. 又復說名分別事識. 此識依見愛煩惱增長義故.

함으로부터 저 법신法身을 증득하여 조금이라도 알게 되며 보살구경지菩薩究竟地(즉 십지의 마지막 法雲地)에 이른다 하더라도 다 알 수는 없다. 오직 부처만이 끝까지 다 알 수 있다. 이 마음은 본래부터 자성이 청정하지만 무명이 있어서 이 무명에 의해 물들어서 염심이 있게 된다. 비록 염심(물든 마음)이 있으나 그 염심의 체는 항상 변하지 아니한다. 이렇게 마음은 체가 깨끗한 채로 물들어 있으며 마음이 움직이면서 고요하니 염·정의 두 가지가 없고 동·정의 구별도 없다. 염·정의 두 가지가 없고 동·정의 구별도 없지만 그렇다고 하나도 아니니, 이처럼 절묘하고 깊은 뜻은 오직 부처만이 알 수 있는 것이다.

심성이란 비록 마음 전체가 움직이지만 본래 적정하기 때문에 항상 망념이 없는 것이며 따라서 비록 염심이 있더라도 변하지 않는다(不變).

하나의 법계(一法界)임을 알지 못하기 때문에 마음이 상응하지 아니하여 홀연히 망념이 일어나는 것을, 무명이라 한다.[24]

---

24) 依無明熏習所起識者. 非凡夫能知. 亦非二乘智慧所覺. 謂依菩薩. 從初正信發心觀察. 若證法身, 得少分知. 乃至菩薩究竟地, 不能知盡. 唯佛窮了. 何以故. 是心從本已來, 自性淸淨而有無明. 爲無明所染, 有其

> **해설**
>
> 여기서 마음이 상응하지 않는다는 것은 하나의 법계임을 알지 못해 생기는 최초의 무명 모습이 여러 가지 무명 가운데 가장 미세하여 능能・소所와 왕王(心)・수數(心所)의 차별이 아직 없다는 뜻이다. 이 무명이 근본이 되어 이보다 더 미세한 다른 염법은 없다는 뜻에서 홀연히 일어난다고 하는 것이지 시간의 차례에 의해 홀연히 일어난다고 말하는 것은 아니다.

· **육염과 이애**

염심에는 여섯 가지가 있다. 첫째는 집상응염執相應染이니, 바로 의식意識이다. 여기서는 견애번뇌에 의해 증장되며 또 추분별집착과 상응한다. 이승인二乘人의 경우에는 아라한의 자리에 이르러야 견수번뇌를 완전히 끊으며 보살의 경우라면 십주十住 이상 즉 십주의 처음인 신상응지信相應地에서 이 집상응염을 여의게 된다. 신상응지에서는 인공人空(즉 我空)을 얻어서 견수번뇌가 현행하지 못하게 되기 때문이다.

둘째는 부단상응염不斷相應染이니, 다섯 가지 의意 가운데

染心. 雖有染心, 而常恒不變. 是故此義唯佛能知. 所謂心性常無念故, 名爲不變. 以不達一法界故, 心不相應, 忽然念起, 名爲無明.

상속식이다. 이는 법집과 상응하여 계속 생겨나므로 끊어지지 않음(不斷)이라 한다. 신상응지에서 유식삼성관唯識三性觀(변계소집성·의타기성·원성실성의 삼무성관)의 심사尋思 방편을 닦고 초지初地(淨心地)에 이르러 삼무성三無性을 증득하면 법집분별이 전혀 현행하지 않게 된다.

셋째는 분별지상응염分別智相應染이니 다섯 가지 의 가운데 지식智識이다. 구계지具戒地(제2지)에서 점점 법집을 여의다가 제7지 무상방편지無相方便地(遠行地)에서 완전히 여의게 된다. 제7지 이하에서는 법法·아我 이공지二空智가 일어날 때엔 법집이 현행하지 못하다가 관觀에서 벗어나 사물을 반연하여 제멋대로 마음을 부릴 때엔 다시 현행하게 된다. 그러나 무상방편지 이상에서는 오랜 시간 관에 들기 때문에 이 마나식末那識이 길이 현행하지 못하게 되는 것이다.

넷째는 현색불상응염現色不相應染이니, 다섯 가지 의 가운데 현식現識이다. 맑은 거울 중에 색상을 나타내는 것과 같기 때문에 현색불상응염이라 하였다. 색자재지色自在地(제8지 不動地)에서 이미 정토淨土의 자재함을 얻어 예토穢土의 추색麤色이 나타나지 않는다.

다섯째는 능견심불상응염能見心不相應染이다. 심체가 동함에 의해 능견(보는 주체)을 이루니 다섯 가지 의 가운데 전식轉

識이다. 심자재지心自在地(제9지, 善慧地)에서 이미 사무애지四無碍智(法無碍·義無碍·辭無碍·樂說無碍)를 얻어서 장애를 가진 능연能緣(반연하는 주체 즉 의식)이 일어나지 않는다.

여섯째는 근본업불상응염根本業不相應染이다. 무명의 힘 때문에 불각하여 마음이 움직이니 다섯 가지 의意 안에서 첫 번째 업식業識이다. 보살진지(제10지, 무구지)에 의해 여래지如來地에 들어가면 전상과 현상이 다 없어지는데, 업식이 다 없어지지 않았을 때는 이 전상·현상이 다 없어지지 않고 미세하게 남아 있다.[25]

> **해설**
>
> 여섯 가지 염심은 의식과 다섯 가지 의이다. 앞에서 삼세·육추, 오의五意와 의식을 설명할 때는 인因에 의해 일어나는 뜻을 밝혔기 때문에 미세한 것으로부터 추현한 것에 이르는 차례로 설명하였으나, 이제 이 육염의 설명에서는 치단의 자리까지 겸해서 밝히려 했

---

25) 染心者有六種. 云何爲六. 一者執相應染. 依二乘解脫, 及信相應地遠離故. 二者不斷相應染. 依信相應地修學方便, 漸漸能捨, 得淨心地究竟離故. 三者分別智相應染. 依具戒地漸離, 乃至無相方便地究竟離故. 四者現色不相應染依色自在地能離故. 五者能見心不相應染. 依心自在地能離故. 六者根本業不相應染. 依菩薩盡地, 得入如來地能離故.

> 기 때문에 추현한 것에서 미세한 것에 이르는 차례로
> 설명하였다.

일법계를 분명히 알지 못한다는 것은 신상응지로부터 무명번뇌를 관찰하여 치단함을 배우고, 정심지(초지)에 들어가 분수에 따라 번뇌를 여의게 되며, 여래지에 이르게 되어야 마침내 가장 미세한 번뇌까지 다 여읠 수 있다는 뜻이다.

상응相應이란 뜻은 심왕과 심소법이 달라서 염정의 모든 법을 차별함에 능지상能知相과 소연상所緣相이 같음을 말한다. 불상응不相應이란 뜻은 심心과 불각不覺이 항상 다름이 없어서 능지상과 소연상이 같지 않음을 말한다.[26]

> ▮해설▮
> 여기서 상응은 앞 구절에서 말한 여섯 가지 염심 가운데 앞의 세 가지 염이고, 불상응은 뒤의 세 가지 염과 무명이다. 상응의 뜻은 지등知等, 연등緣等, 체등體等의 삼등으로 설명할 수 있다. 심왕과 심소법이 다르다는

---

26) 不了一法界義者, 從信相應地觀察學斷. 入淨心地隨分得離. 乃至如來地能究竟離故. 言相應義者. 謂心念法異. 依染淨差別. 而知相緣相同故. 不相應義者. 謂卽心不覺常無別異. 不同知相緣相故.

> 것은 체가 같다는 뜻이니, 심의 체가 하나라면 심소의 체도 하나임을 말한다. 지상智相과 연상緣相이 같다는 것은 심왕과 심소가 그 소의의 근이 동일하다는 것(지상이 같은 것)이요, 그 소연의 경을 같이한다는 것(연상이 같은 것)이다. 예컨대 안식이 일어날 때 안식과 상응하는 심소법이 같은 소의근에 의해 일어나는 것을 지상이 같다고 하고, 안식과 안식상응의 심소법이 다 같이 눈앞의 대상을 인식할 때 서로의 대상이 같은 것을 연상이 같다고 한다.
>
> 불상응의 풀이에서 심과 불각이 항상 다름이 없다는 것은 체가 같다는 뜻이 없음을 말한다. 심왕을 떠나서 차별할 만한 별다른 심소법이 없기 때문이다. 즉 업식·전식·현식의 극미세념인 아라야식 내에서는 왕·수의 구별이 없고 주·객의 구별도 없다는 것이다. 체의 같음이 없다면 지(견분)가 같고 연(상분)이 같은 뜻이 없으니 지상과 연상이 같지 않다고 말한 것이다. 같지 않다는 것은 같음이 없다는 말이다.

또한 염심의 뜻은 번뇌애煩惱碍를 말한다. 여섯 가지 염심이 적정성과 어그러져 진여의 근본지를 막게 된다. 무명(근본무명)의 뜻은 지애智碍를 말하니 무명은 법성을 혼미케 하여 세간의 자연업지自然業智(후득지)를 막기 때문이다. 염심(업식)에 의해 볼 수 있으며(전식) 나타낼 수 있으며(현식) 대상 경계를 잘못 집착하여(지식·상속식·집취식) 근본지의 능能·소所 평등의 성질을 어긴다. 한편 모든 존재 현상은 그 본성이 원래 항상 고요하여 일어나는 상이 없으나 무명불각이 그 법성을 혼미케 하기 때문에 세간의 모든 경계에 수순하는 여러 가지 지혜(후득지)를 얻을 수 없다.[27]

> ▍해설 ▍
> 현료문에서는 번뇌장·소지장의 이장을 말하나 은밀문에서는 번뇌애煩惱礙·지애智礙의 이애二礙로 말한다. 여기서는 은밀문을 말했다.
>
> ┌ 번뇌애(지말무명, 6가지 염심) ┬ 번뇌장(인집) ┐
> │   └ 소지장(법집) ┴ 근본지를 막음
> └ 지애(근본무명, 무명주지) ─────── 자연업지(후득지)를 막음
>
> 번뇌애와 지애는 은밀문에서의 구분이고 번뇌장과 소

---

27) 又染心義者, 名爲煩惱礙. 能障眞如根本智故. 無明義者, 名爲智礙. 能障世間自然業智故. 此義云何. 以依染心, 能見能現, 妄取境界, 違平等性故. 以一切法常靜, 無有起相. 無明不覺, 妄與法違. 故不能得隨順世間一切境界種種智故.

> 지장은 현료문에서의 구분이다. 『기신론』은 은밀문의 입장이기 때문에 번뇌애와 지애를 말했다. 번뇌애란 앞서 밝힌 여섯 가지 염심 즉 지말무명이다. 근본무명에 의해 움직인 염심(무명업상)이 전식, 현식, 지식으로 변전해 나아가 근본지의 능·소 평등을 어기므로 진여의 근본지를 막는다고 한다. 지애란 근본무명을 말하며 본래의 법성자리는 항상 고요하여 일어나는 상이 없으나 무명불각(근본무명)이 법성을 혼미케 하여 세간의 후득지를 얻을 수 없으므로 이를 세간의 자연업지 즉 후득지를 막는다고 한 것이다. 흔히 번뇌장과 소지장을 각기 번뇌애와 지애에 배대시키는데 이는 잘못된 것이다. 소지장, 번뇌장은 번뇌애 안에 있다.

iii) **생멸상**

또한 생멸상을 다음의 두 가지로 분별할 수 있다. 첫째는 거친 것(麤)이다. 여섯 가지 염심 가운데 앞의 삼염은 마음과 더불어 상응하니 그 상이 거칠게 드러난다. 둘째는 미세한 것(細)이다. 뒤의 세 가지 염심은 마음과 더불어 상응하지 않으니 심과 심법에 거칠게 드러나는 상이 없고 그 체가 미세하다. 또 거친 것 중에서도 거친 것은 앞의 삼염 중 처음 둘이니 범부의 경계요, 거친 것 중의 미세한 것(앞의 삼염 중 뒤의 하나)과 미세한 것 중의 거친 것(현식·전식)은 보살의 경계요, 미세한 것 중의 미세한 것은 부처의 경계이다. 전체적으로 말한다면 이 거칠고 미세한 것의 두 가지 생멸은 모두 무명주지의 훈습에 의해 존재한다. 따로따로 말한다면 무명인에 의해 불상응심이 생기고 경계연에 의해 상응심이 생긴다. 만약 무명인이 멸한다면 경계연이 멸하는 것이니, 인이 멸함으로써 불상응심이 멸하고 연이 멸함으로써 상응심이 멸한다.

[물음] 만약 마음이 멸한다면 어떻게 마음이 이어지며 만약 이어진다면 어떻게 마침내 멸해 버린다고 말할 수 있겠는가?

[답함] 멸한다는 것은 오직 심상만 멸하는 것이요, 심체가 멸하는 것이 아니다. 이는 바람이 바닷물에 의하여서 동상動相(파도)이 있는 것이니 만약 바닷물이 없어지면 풍상風相이 단절되어 의지할 바가 없지마는 바닷물이 없어지지 아니하므로 풍상이 이어지는 것이며 오직 바람이 멸하기 때문에 동상이 따라서 멸하지만 바닷물이 멸하는 것은 아닌 것과 같다. 무명 또한 그러하다. 무명이 심체에 의해 움직이므로 만약 심체가 멸하면 중생이 단절되어 의지할 바가 없지만, 심체가 멸하지 아니하므로 마음이 이어지는 것이며 오직 무명이 멸하기 때

문에 심상이 따라서 멸하는 것이지 심지心智(神解의 성질)가 멸하는 것은 아니다.[28]

해설

거친 모습(麤) 상응심	추중의 추	범부경계	집상응염	의식에 있어서 행상이 거칠기 때문에 범부가 알 수 있다.
			부단상응염	
	추중의 세	보살경계	분별지상응염	제칠식이므로 행상이 거칠지 않아 범부가 알 수 없다.
미세한 모습(細) 불상응심	세중의 추		현색불상응염 · 능견심불상응염	능·소가 차별되므로 보살이 아는 경계이다.
	세중의 세	부처경계	근본업불상응염	능·소가 나누어지지 않았으므로 부처만이 알 수 있다.

---

28) 復次分別生滅相者有二種. 云何爲二. 一者麤, 與心相應故. 二者細, 與心不相應故. 又麤中之麤, 凡夫境界. 麤中之細, 及細中之麤, 菩薩境界. 細中之細, 是佛境界. 此二種生滅, 依於無明熏習而有. 所謂依因依緣. 依因者, 不覺義故. 依緣者, 妄作境界義故. 若因滅, 則緣滅. 因滅故, 不相應心滅. 緣滅故, 相應心滅. 問曰. 若心滅者, 云何相續. 若相續者, 云何說究竟滅. 答曰. 所言滅者, 唯心相滅, 非心體滅. 如風依水而有動相. 若水滅者則風相斷絶, 無所依止. 以水不滅, 風相相續, 唯風滅故, 動相隨滅, 非是水滅. 無明亦爾. 依心體而動. 若心體滅, 則衆生斷絶, 無所依止. 以體不滅, 心得相續, 唯癡滅故, 心相隨滅, 非心智滅.

② 염정훈습

┌ ▮해설▮ ─────────────────
│ 여기까지의 심생멸·생멸인연·생멸상 등은 훈습작
│ 용을 떠나서 제대로 이해할 수 없다.
└─────────────────────────

또한 네 가지 법의 훈습하는 뜻이 있기 때문에 염법과 정법이 일어나 단절하지 않는다. 첫째는 정법이니 진여를 말한다. 둘째는 모든 염染의 인因이니 무명을 말한다. 셋째는 망심 妄心이니 업식을 말한다. 넷째는 망경계妄境界이니 육진六塵을 말한다.[29]

┌ ▮해설▮ ─────────────────
│ 훈습이란 옷에 원래 향기가 없지만 향으로 훈습하면
│ 향이 옷에 배어드는 것과 같이, 우리의 몸과 입으로
│ 표현하는 선악의 말이나 행동 또는 뜻에 일어나는 선
│ 악의 생각들이, 일어나는 그대로 없어지지 않고 반드
└─────────────────────────

---

29) 復次有四種法熏習義故, 染法淨法起不斷絶. 云何爲四. 一者淨法, 名爲眞如. 二者一切染因, 名爲無明. 三者妄心, 名爲業識. 四者妄境界, 所謂六塵.

시 어떠한 인상이나 세력을 자기의 심체에 머무르게 하는 작용이다.

훈습의 뜻은 이를 테면 실제로는 향기가 없는 세간의 의복이 사람이 향으로 훈습하기 때문에 향기가 있는 것과 같다. 이처럼 진여정법眞如淨法(즉 본각)에는 실로 물듦(染)이 없지만 다만 무명으로 훈습하기 때문에 물든 모습(染相)이 있으며, 무명염법(즉 불각)에는 실로 깨끗한 행위(淨業)가 없으나 다만 진여로 훈습하기 때문에 깨끗한 작용(淨用)이 있는 것이다.30)

> **해설**
> 여기서 진여정법 즉 본각과 무명염법 즉 불각은 하나의 식에 함유된 두 가지 뜻으로서 번갈아 서로 훈습함으로써 두루 염정을 내는 것이다. 그런데 진여정법과 무명불각의 성격이 전혀 다른데도 서로 훈습한다는 것은 범부, 이승으로서는 생각하기 어려운 미세하고 은미한 것이므로 능가경의 말을 빌려 원효는 이를 생

---

30) 熏習義者. 如世間衣服實無於香. 若人以香而熏習故, 則有香氣. 此亦如是. 眞如淨法, 實無於染. 但以無明而熏習故, 則有染相. 無明染法, 實無淨業. 但以眞如而熏習故, 則有淨用.

> 각할 수 없는 훈습 즉 불사의 훈, 생각할 수 없는 변이 즉 불사의 변이라 표현한다.

i) 염법훈습

어떻게 훈습하여 염법을 일으켜 단절되지 않는가. 진여법에 의해 무명(근본무명)이 있으며 이 근본무명의 인因에 의해 진여를 훈습한다. 무명이 진여를 훈습함으로 인해 망심(곧 업식심)이 있게 된다. 이 망심이 도리어 무명을 훈습하여 더욱더 진여법을 분명히 이해하지 못하게 하므로, 망념(전식)이 더욱 일어나 망경계(현식)를 나타낸다. 그리고 이 망경계가 도리어 망심妄心(여기서는 현식)을 훈습하여 그로 하여금 집착하게 하여 여러 가지 업을 지어서(의식을 일으킴) 모든 심신의 고통을 받게 한다.(업계고상)

망경계훈습에는 두 가지가 있다. 첫째는 증장념훈습增長念熏習이다. 이는 망경계(현식)의 힘으로 분별사식 가운데 법집분별념을 증장한다. 둘째는 증장취훈습增長取熏習이다. 이는 사취四取(欲取·見取·戒禁取·我語取, 취는 번뇌의 뜻)의 번뇌장을 증장한다. 망심훈습에도 두 가지가 있다. 첫째는 업식근본훈습이다. 이는 업식으로 무명을 훈습하여 전상·현상을 일으킴에 아라한과 벽지불과 모든 보살이 변역생사의 아라야행고를 받는 것이다. 둘째는 증장분별사식훈습이다. 이는 의식의 견애번뇌가 증장되어 범부들이 분단생사의 거친 괴로움(麤苦)을 받는 것이다. 무명훈습에도 두 가지가 있다. 첫째는 근본훈습이다. 이는 근본무명이 진여를 훈습함으로써 마음을 움직여 업식을 내기 때문이다. 둘째는 소기견애훈습所起見愛熏習이다. 이는 근본무명에서 일어난 견애번뇌가 그 의식을 훈습하여 거친(麤) 분별을 일으키는 것이다.[31]

> **해설**
>
> 변역생사란 삼계에 생사하는 몸을 여읜 뒤로 성불하기까지의 성자가 받는 삼계 밖의 생사를 말한다. 변역은 전·현상을 변하여 다른 모양을 받는 것이니, 이는 성자들은 무루의 비원력悲願力으로 말미암아 분단생사

---

31) 云何熏習起染法不斷. 所謂以依眞如法故, 有於無明. 以有無明染法因故, 卽熏習眞如. 以熏習故, 則有妄心. 以有妄心, 卽熏習無明. 不了眞如法故, 不覺念起現妄境界. 以有妄境界染法緣故, 卽熏習妄心, 令其念著, 造種種業, 受於一切身心等苦. 此妄境界熏習義則有二種. 云何爲二. 一者增長念熏習. 二者增長取熏習. 妄心熏習義則有二種. 云何爲二. 一者業識根本熏習. 能受阿羅漢辟支佛一切菩薩生滅苦故. 二者增長分別事識熏習. 能受凡夫業繫苦故. 無明熏習義有二種. 云何爲二. 一者根本熏習. 以能成就業識義故. 二者所起見愛熏習. 以能成就分別事識義故.

> 하는 거칠고 열등한 몸이 변하여 미세하고 묘함이 무한한 몸을 받으며 무루의 정원력定願力의 도움으로 묘용妙用이 헤아릴 수 없으므로, 변역생사 또는 부사의변역생사不思議變易生死라 한다. 분단생사란 육도로 윤회하는 범부들의 생사이다. 분단은 분한과 형단이라는 뜻이다. 범부는 각기 업인業因을 따라서 신체의 크고 작으며 가늘고 굵은 형단이 있고 목숨에 길고 짧은 분한이 있어 분분단단으로 생사하므로 분단생사라 한다.

ii) 정법훈습

어떻게 훈습하여 정법淨法을 일으켜 단절시키지 않는가. 진여법이 있어서 이 진여가 무명을 훈습하는 것이며, 이 훈습하는 인因과 연緣(진여와 무명)의 힘에 의해 망심으로 하여금 생사의 고통을 싫어하고 열반 구하기를 좋아하게 하는 것이다. 이 망심에 생사의 고통을 싫어하고 열반 구하기 좋아하는 인연이 있기 때문에 망심이 진여를 훈습하여 스스로 자기의 본성을 믿는다.(十信 자리의 信) 그리고 마음이 허망하게 움직일 뿐 앞의 대상 경계가 없음을 알아 이 경계를 멀리 여의는 법을 닦는다.(三賢자리의 수행) 이리하여 앞의 경계가 없음을 여실히 알기 때문에(초지의 견도에서 유식관이 이루어짐) 여러 가지 방편으로 수순행을 일으켜 집착하지도 아니하고(四取번뇌를 일으키지 않음) 잘못 생각하지도 아니한다.(법집분별념을 일으키지 않음) 이렇게 오랫동안 훈습한 힘 때문에(십지의 수도위에서 만행을 닦음) 무명이 곧 없어지게 된다. 무명이 없어지므로 마음에 일어나는 게 없고 일어남이 없으므로 대상 경계가 따라서 없어진다. 이렇게 인과 연이 다 없어지므로 심상心相 또한 다 없어지니 이것이 바로 열반을 증득하여 자연업(부사의업, 곧 후득지의 작용)을 이루는 것이다.32)

■ 해설 ■
정법훈습이니만큼 추에서 세의 순서로 설명하는 방법을 취했다.

망심훈습에는 두 가지가 있다. 첫째는 분별사식훈습이다. 이는 모든 범부와 이승인 등이 생사의 고통을 싫어하기 때문

---

32) 云何熏習起淨法不斷. 所謂以有眞如法故, 能熏習無明. 以熏習因緣力故, 則令妄心厭生死苦, 樂求涅槃. 以此妄心有厭求因緣故, 卽熏習眞如, 自信己性, 知心妄動, 無前境界, 修遠離法. 以如實知無前境界故, 種種方便, 起隨順行, 不取不念. 乃至久遠熏習力故, 無明則滅. 以無明滅故, 心無有起. 以無起故, 境界隨滅. 以因緣俱滅故, 心相皆盡, 名得涅槃, 成自然業.

에 힘닿는 대로 점차 무상도無上道(즉 佛果)에 나아가는 것이다. 범부와 이승은 열반에 나아가고자 하지만 아직도 생사를 싫어하고 열반을 기뻐하는 마음이 있으니, 이는 분별사식(의식)이 모든 경계가 오직 식뿐임을 알지 못하고 마음 밖에 경계가 실제로 있다고 집착하는 것과 다르지 않다. 둘째는 의훈습意熏習(업식훈습)이다. 이는 모든 보살이 열반에 나아가고자 하는 마음을 내는 바가 용맹하여 속히 열반에 나아가는 것이다. 모든 보살은 마음이 거짓으로 잘못 움직이는 것이지 따로 대상 경계가 없는 것이며 따라서 모든 존재 현상은 오직 식(識)의 헤아림인 줄 알아서 앞의 대상 경계가 밖에 있다는 집착을 버리고 견분 상분이 아직 나누어지지 않은 업식의 뜻을 따르기 때문에 업식훈습·의훈습이라 하는 것이다.

진여훈습에는 두 가지가 있다. 첫째는 자체상훈습自體相熏習이요, 둘째는 용훈습用熏習이다. 먼저 자체상훈습이란 무시無始의 때로부터 본각불공문의 무루법을 갖추고 부사의업을 갖추어 여실공문의 경계성을 짓는 것이다. 이 두 가지 즉 무루법을 갖추어 부사의업을 갖추는 지智와 경계성을 짓는 경境의 뜻에 의해 항상 훈습하며, 이 훈습의 힘에 의해 중생으로 하여금 생사의 고통을 싫어하고 열반을 즐겨 구하여 스스로 자기의 몸에 진여법이 있는 줄 믿어 발심하고 수행하게 한다.

[물음] 만일 이러한 뜻이라면 모든 중생에게 모두 진여가 있어서 똑같이 훈습하여야 할 터인데 어찌하여 믿음이 있기도 하고 믿음이 없기도 하여 한량없는 전후의 차별이 있는 것인가? 모두 동시에 스스로 진여법이 있음을 알아서 방편을 부지런히 닦아 똑같이 열반에 들어가야 할 것이다.

[답함] 진여는 본래 하나이지만 한량없고 가이없는 무명이 있어서 본래부터 자성이 차별되어 두텁고 엷음이 같지 않다. 그 때문에 갠지스 강의 모래보다 많은 지말번뇌(上煩惱)가 무명에 의해 차별을 일으키며(소지장) 견애번뇌가 무명에 의해 차별을 일으킨다(번뇌장). 이러한 모든 번뇌가 무명에 의해 일어난 것이어서 전후의 한량없는 차별이 있으니 이는 오직 여래만이 알 수 있는 것이다. 또 모든 부처의 법에는 인이 있고 연이 있어서 이 인과 연이 구족하여야 법이 이루어질 수 있다. 이는 나무 가운데 불의 성질(火性)이 불의 정인正因이지만 만약 사람이 알지 못하여 방편(緣)을 빌리지 못하면 스스로 나무를 태울 수 없는 것과 같다. 중생도 그러하여, 정인으로 훈습하는 힘이 있기는 하나 만약 모든 부처, 보살, 선지식 등을 만나 그들로 하여금 연을 삼지 못한다면 스스로 번뇌를 끊고 열반에 들어갈 수가 없다. 만약 외연外緣의 힘이 있으나 안으로 인因의 정법淨法이 아직 훈습의 힘을 갖지 못한 사람이라면 그

또한 결국에는 생사의 고통을 싫어하고 열반을 즐겨 구할 수가 없을 것이다. 만약 인연이 다 갖추어졌다면 스스로 훈습하는 힘이 있고 또 모든 부처와 보살의 자비와 원력의 보호를 받기 때문에, 생사의 고통을 싫어하는 마음을 일으키고 열반이 있음을 믿어서 선근을 닦아 익히게 된다. 선근을 닦는 일을 이루면 모든 부처와 보살이 보여 주고 가르쳐 주고 중생을 이롭게 해 주고 기쁘게 해 주어 열반의 도를 향하여 나아갈 수 있게 된다.

다음으로 용훈습이란 중생이 가지는 외연外緣의 힘이다. 외연에는 한량없는 뜻이 있으나 대략 말하자면 두 가지가 있다. 첫째는 차별연差別緣이요, 둘째는 평등연平等緣이다. 차별연이란 이 사람이 모든 부처와 보살 등에 의해 처음 발심하여 비로소 구도求道할 때로부터 부처가 되기에 이르기까지, 그 가운데에서 부처를 혹은 보기도 하고 혹은 생각하기도 함에 있어서 어떤 경우는 권속·부모·친척이 되며 어떤 경우는 급사給事가 되며 어떤 경우는 친구가 되며 어떤 경우는 원수가 되며 어떤 경우는 사섭四攝(布施·愛語·利行·同事)을 일으키는 등 한량없이 짓는 모든 행위의 연이 된다. 이는 부처와 보살의 대비로 훈습하는 힘을 일으켜 중생으로 하여금 선근을 증장케 하여 혹은 보거나 혹은 듣고서 이익을 얻게 하기 때문이다. 이 차별연에는 두 가지가 있다. 첫째는 근연近緣이다. 이는 빨리 생사의 바다를 건너 해탈하게 되기 때문이다. 둘째는 원연遠緣이다. 이는 오랜 시간이 지나서야 생사의 바다를 건너 해탈을 얻기 때문이다. 이 두 연을 다시 행해行解의 두 가지 연으로 분별하면, 첫째는 증장행연增長行緣이니 보시·지계 등의 모든 행을 일으키기 때문이다. 둘째는 수도연受道緣이니, 문聞·사思·수修를 일으켜서 도에 들어가기 때문이다.

둘째 평등연平等緣이란 모든 부처와 보살이 모든 중생을 해탈시키고자 하여 자연히 이들을 훈습하여 항상 버리지 아니하는 것이다. 이는 동체지력同體智力으로써 중생의 견문에 따라 응하여 업용을 나타낸다. 흩어진 마음(散心)에서는 보신의 분제상을 떠났음을 볼 수 없고, 중생(십주 이상의 모든 보살)은 삼매를 통해서만 평등하게 모든 부처(보신불)를 볼 수 있기 때문이다.33)

---

33) 妄心熏習義有二種. 云何爲二. 一者分別事識熏習. 依諸凡夫二乘人等, 厭生死苦, 隨力所能, 以漸趣向無上道故. 二者意熏習. 謂諸菩薩發心勇猛, 速趣涅槃故. 眞如熏習義有二種. 云何爲二. 一者自體相熏習. 二者用熏習. 自體相熏習者. 從無始世來, 具無漏法. 備有不思議業, 作境界之性. 依此二義恒常熏習. 以有力故, 能令衆生厭生死苦, 樂求涅槃, 自信己身有眞如法, 發心修行. 問曰. 若如是義者, 一切衆生悉有眞如, 等皆熏習. 云何有信無信, 無量前後差別. 皆應一時自知有眞如法, 勤修方便, 等入涅槃. 答曰. 眞如本一. 而有無量無邊無明, 從本已來, 自性差別, 厚薄不同故. 過恒沙等上煩惱, 依無明起差別. 我

> **해설**
>
> 차별연이란 범부와 이승의 분별사식훈습을 위하여 연을 짓는 것이니 십신 이상에서 모든 부처에 이르기까지 연을 짓게 된다. 평등연이란 모든 보살의 업식훈습을 위하여 연을 짓는 것이니 초지 이상에서 모든 부처에 이르기까지 동체지력에 의해서만 연을 짓게 된다.

이 체용體用의 훈습을 분별함에 다시 두 가지가 있다. 첫째는 미상응未相應이다. 이는 범부와 이승의 의식훈습(곧 분별

見愛染煩惱, 依無明起差別. 如是一切煩惱, 依於無明所起, 前後無量差別. 唯如來能知故. 又諸佛法有因有緣. 因緣具足乃得成辦. 如木中火性, 是火正因. 若無人知, 不假方便, 能自燒木, 無有是處. 衆生亦爾. 雖有正因熏習之力, 若不值遇諸佛菩薩善知識等以之爲緣, 能自斷煩惱入涅槃者, 則無是處. 若雖有外緣之力, 而內淨法未有熏習力者, 亦不能究竟厭生死苦樂求涅槃. 若因緣具足者, 所謂自有熏習之力, 又爲諸佛菩薩等慈悲願護故, 能起厭苦之心, 信有涅槃修習善根. 以修善根成熟故, 則値諸佛菩薩示敎利喜, 乃能進趣向涅槃道. 用熏習者, 卽是衆生外緣之力. 如是外緣有無量義. 略說二種. 云何爲二. 一者差別緣. 二者平等緣. 差別緣者. 此人依於諸佛菩薩等, 從初發意始求道時, 乃至得佛, 於中若見若念. 或爲眷屬父母諸親. 或爲給使. 或爲知友. 或爲怨家. 或起四攝乃至一切所作無量行緣. 以起大悲熏習之力. 能令衆生增長善根. 若見若聞得利益故. 此緣有二種. 云何爲二, 一者近緣. 速得度故. 二者遠緣. 久遠得度故. 是近遠二緣. 分別復有二種. 云何爲二. 一者增長行緣. 二者受道緣. 平等緣者. 一切諸佛菩薩, 皆願度脫一切衆生, 自然熏習恒常不捨. 以同體智力故, 隨應見聞而現作業. 所謂衆生依於三昧, 乃得平等見諸佛故.

사식훈습)과 초발의보살(십주 가운데 초주인 발심주 자리)의 의훈습 (곧 업식훈습)으로 신력信力에 의해 잘 수행은 하지만 아직 무분별심(무분별지를 체득한 마음)이 법신의 체와 더불어 상응하지 못하기 때문이며, 아직 자재업自在業의 수행이 응·화신의 용用과 더불어 상응하지 못하기 때문이다. 둘째는 이상응已相應이다. 이는 법신보살(십지보살)이 무분별심을 얻어(법신의 체와 상응함) 모든 부처의 지용智用과 더불어 상응하여(후득지가 있음) 오직 법력 덕에 저절로 수행하게 되어(8지 이상에서 공용이 없음) 진여를 훈습해서 무명을 없애기 때문이다.

또한 염법은 무시의 때로부터 훈습하여 단절되지 않다가 부처가 된 후에는 곧 단절함이 있으나 정법훈습淨法薰習은 단절함이 없어서 미래에까지 계속된다. 이는 진여법이 항상 훈습하기 때문에 망심이 멸하고 법신이 밝게 나타나 용用의 훈습을 일으키므로 단절함이 없는 것이다.34)

---

34) 此體用熏習, 分別復有二種. 云何爲二. 一者未相應. 謂凡夫二乘初發意菩薩等, 以意意識熏習, 依信力故而能修行. 未得無分別心, 與體相應故. 未得自在業修行, 與用相應故. 二者已相應. 謂法身菩薩, 得無分別心, 與諸佛智用相應, 唯依法力自然修行, 熏習眞如滅無明故. 復次染法從無始已來, 熏習不斷. 乃至得佛, 後則有斷. 淨法熏習, 則無有斷, 盡於未來. 此義云何. 以眞如法常熏習故, 妄心則滅, 法身顯現, 起用熏習, 故無有斷.

(2) 뜻을 해석함(義章門)

가. 체상 이대의 뜻을 나타냄

또한 진여의 자체상自體相은 모든 범부·성문·연각·보살·제불諸佛에 있어서 증감됨이 없으며 이전에 나는 것도 아니요 이후에 멸하는 것도 아니어서, 결국 늘 변함이 없다(體大). 본래부터 성품이 스스로 모든 공덕을 가득 채운다(相大). 즉 자체에 대지혜광명의 뜻이 있으며, 법계를 두루 비추는 뜻이 있으며, 진실하게 아는 뜻이 있으며, 자성청정심의 뜻이 있으며, 상常·락樂·아我·정淨의 뜻이 있으며, 청량하고 변하지 않으며, 자재한다는 뜻이 있음을 말한다. 이처럼 갠지스 강의 모래보다 많은 불리不離·부단不斷·불이不異·부사의不思議한 불법佛法을 구족하고 나아가 만족하여 부족한 바가 없다는 뜻에서 여래장이라 하며 또한 여래법신이라 이름한다.

[물음] 앞에서 진여는 그 체가 평등하여 모든 상을 여의었다고 말하였는데 어찌하여 다시 진여의 체에 이와 같은 여러 가지 공덕이 있다고 말하는가?

[답함] 실로 이러한 모든 공덕의 뜻이 있으나 차별의 상은 없어서 똑같은 일미一味이며 오직 하나의 진여이다. 왜냐하면

무분별로 분별상을 여의니, 이러므로 둘이 없는 것이다. 또한 무슨 뜻으로 차별을 말할 수 있는가? 업식의 생멸상에 의해 차별을 나타내는 것이다. 이것은 어떻게 나타나는가? 모든 법이 본래 오직 마음뿐이어서 사실은 망념이 없지만 망심이 있어서, 깨닫지 못하여 망념을 일으켜 모든 경계를 보기 때문에 무명이라 하는 것이다. 그러므로 심성에 망념이 일어나지 않는 것은 바로 대지혜광명의 뜻이다. 만약 마음이 견見을 일으키면 보지 못하는 상이 있는 것이니 심성이 견을 여의면 바로 이것이 법계를 두루 비추는 뜻이다. 만약 마음에 움직임이 있으면 진실하게 아는 것이 아니며 자성이 없게 되며 상常도 아니고 락樂도 아니며 아我도 아니고 정淨도 아니다. 이리하여 열뇌熱惱하며 쇠변衰變하면 자재하지 못하며, 이에 갠지스 강의 모래들보다 많은 망염妄染의 뜻을 갖게 된다. 이러한 뜻에 상대하기 때문에 심성에 움직임이 없으면 갠지스 강의 모래들보다 많은 온갖 깨끗한 공덕상이 있음을 나타내 보인다. 만약 마음에 일어나는 것이 있어 다시 앞의 법의 생각할 만한 것을 본다면 모자라는 바가 있겠지만, 정법淨法의 무량한 공덕은 바로 일심一心이어서 다시 생각할 것이 없기 때문에 만족하게 되니 이를 법신·여래장이라 하는 것이다.35)

나. 용대의 뜻을 나타냄

또한 진여의 용이란 모든 부처와 여래가 본래 인지因地에서 대자비를 일으켜 모든 바라밀을 닦아서 중생을 받아들여 교화하며(本行) 크나큰 서원을 세워 중생계를 모두 제도 해탈시키고자 하여 겁수劫數를 한정하지 않고 미래에까지 다하는 것이다(本願). 이는 모든 중생 돌보기를 자기 몸과 같이 하기 때문이나 그러면서도 중생상을 취하지는 않는다. 모든 중생과 자기의 몸이 진여로서 평등하여(智悲의 대방편) 다름이 없는 줄 여실히 알기 때문이다. 이와 같이 대방편지가 있기 때문에 (前因) 무명을 다 없애고 본래의 법신을 보아서(自利의 果) 자연

---

35) 復次眞如自體相者, 一切凡夫聲聞緣覺菩薩諸佛無有增減. 非前際生非後際滅. 畢竟常恒. 從本已來, 性自滿足一切功德. 所謂自體有大智慧光明義故. 遍照法界義故. 眞實識知義故. 自性淸淨心義故. 常樂我淨義故. 淸涼不變自在義故. 具足如是過於恒沙不離不斷不異不思議佛法. 乃至滿足無有所少義故. 名爲如來藏. 亦名如來法身. 問曰. 上說眞如其體平等, 離一切相. 云何復說體有如是種種功德. 答曰. 雖實有此諸功德義. 而無差別之相. 等同一味唯一眞如. 此義云何. 以無分別, 離分別相. 是故無二. 復以何義得說差別. 以依業識生滅相示. 此云何示. 以一切法本來唯心, 實無於念. 而有妄心, 不覺起念, 見諸境界, 故說無明. 心性不起, 卽是大智慧光明義故. 若心起見, 則有不見之相. 心性離見, 卽是遍照法界義故. 若心有動, 非眞識知, 無有自性, 非常非樂非我非淨, 熱惱衰變則不自在, 乃至具有過恒沙等妄染之義. 對此義故, 心性無動, 則有過恒沙等諸淨功德相義示現. 若心有起, 更見前法可念者, 則有所少. 如是淨法無量功德, 卽是一心, 更無所念, 是故滿足, 名爲法身如來之藏.

히 부사의업의 여러 가지 작용을 갖게 된다(用의 相). 진여와 똑같이 모든 곳에 두루 미치게 되며 그러면서도 모양 지을 만한 작용도 없다. 모든 부처와 여래는 오직 법신·지상智相의 몸이며 제일의제第一義諦(眞諦)로서 세제世諦의 경계가 없는 것이어서 시설施設의 작용을 떠난 것이지만 다만 중생의 견문에 따라 이익 되게 하는 것이며 따라서 이를 용이라 말한다.

용에는 두 가지가 있으니, 첫째는 분별사식에 의한 것이다. 범부와 이승은 오직 식뿐(唯識)임을 알지 못하고 바깥의 경계가 있다고 여기니 이것이 바로 분별사식의 뜻이다. 이제 불신을 보고서 또한 마음 밖에 있다고 생각함은 의식의 뜻에 따르는 것이니 그러므로 분별사식에 의해 본다고 한다. 범부와 이승이 분별사식으로 보는 것을 응신應身이라 한다. 이는 전식轉識의 나타냄인 줄 알지 못하기 때문에 밖에서 온 것이라 보는 것이다. 그가 보는 색의 차별상은 원래 한계가 없어서 차별상을 여의었는데도 차별이 있는 뜻만을 취하고 그 차별이 바로 한계가 없음을 아직 모른다. 둘째는 업식에 의한 것이다. 십주 이상의 보살은 오직 마음(唯心)일 뿐 바깥의 경계가 없는 것임을 잘 알아서 업식으로써 불신을 보기 때문에 업식에 의해 본다고 한다. 모든 보살이 초발의(십주의 초주)로부터 보살구경지에 이르기까지 업식의 마음으로 보는 것을 보신報身이라 한다. 이는 그 몸에 무량한 색이 있고 색에 무량한 상이 있고 상에 무량한 상호相好(몸에 잘 생긴 용모 형상)가 있으며 머무는 의과依果(依報 : 우리가 의지하여 생활하는 국토 가옥 의복 따위)도 무량한 여러 가지 장엄이 있어서, 곳에 따라 나타냄이 가이없고 다함이 없어 차별상을 여의었지만 그 응하는 바에 따라서 항상 머물러 있어서 훼손되지도 않고 잃지도 않는다. 이러한 공덕은 모두 6바라밀 등 무루행의 훈습과 진여의 부사의훈에 의해 성취된다. 한량없는 낙상樂相(순수 선의 수행 결과 얻어지는 순정純淨의 出世相)을 구족하였기 때문에 보신이라 하는 것이다.

또 범부에게 보이는 것은 거친 모습(麤色)이니 육도(천·인·수라·축생·아귀·지옥)에 따라서 각각 보는 것이 같지 아니하여 여러 가지 이류異類(삼악도에서는 흑상각 같은 三尺의 龍을 佛身으로 보는 따위)로 나타난다. 이는 낙상을 받는 것이 아니기 때문에 응신이라 말한다. 또한 초발의 보살 등이 보는 것은 인공문人空門에 의해 진여법을 깊이 믿기 때문에 적은 부분이나마 보신을 보아서 저 보신의 색상과 장엄 등의 일이 오는 것도 없고 가는 것도 없어 차별상을 떠났으며, 오직 마음에 의하여 나타날 뿐 진여를 떠나지 않은 것임을 아는 것이다. 그러나 이 보살은 아직 스스로를 분별하고 있으니 이는 아직 법신의 자리에 들어가지 못했기 때문이다. 만약 십지 이상(地上)에서 정심淨心을 얻으면 보는 바가 미묘하여 그 작용이 점점 수승하게 된다. 이리하여 보살 진지盡地에 이르면 보신을 온전하게 보게 된다. 만약 업식을 여의면 보는 상(見相)이 없어지니 모든 부처의 법신은 피차의 색상을 서로 보는 일이 없기 때문이다.

[물음] 만약 모든 부처의 법신이 색상을 여의었다면 어떻게 색상을 나타낼 수 있겠는가?

[답함] 곧 이 법신은 색의 체이기 때문에 색을 나타낼 수 있는 것이다. 본래부터 색과 심은 둘이 아니다. 색의 본성이 지智이기 때문이다. 색의 체에 형체가 없는 것을 지신智身이라 하며 지智의 성性은 곧 색인 까닭에 법신이 모든 곳에 두루한다고 말한다. 나타낸 색에 차별상이 없으니 중생의 마음을 따라 시방十方 세계에 무량한 보살과 무량한 보신과 무량한 장엄을 나타낸다. 여기에는 각각 차별은 있지만 본래 차별상이 없어서 서로 방해되지 않는다. 이는 심식의 분별로 알 수 있는 바가 아니니 진여의 자재한 용이기 때문이다.[36]

---

36) 復次眞如用者. 所謂諸佛如來, 本在因地, 發大慈悲, 修諸波羅蜜, 攝化衆生. 立大誓願, 盡欲度脫等衆生界. 亦不限劫數, 盡於未來. 以取一切衆生如己身故. 而亦不取衆生相. 此以何義. 謂如實知一切衆生及與

2) 진여문에 들어감

다음은 생멸문으로부터 곧 진여문에 들어가는 것을 나타낸다. 색(色陰)과 심(四陰)의 오음五陰을 추구해 본다면 육진경계(色)가 필경 생각할 만한 것이 없으며 마음(心)에는 형상이 없어서 시방十方으로 찾아보아도 끝내 얻을 수가 없다. 마치 사람이 방향을 모르기 때문에 동쪽을 서쪽이라 하지만 방향

己身, 眞如平等無別異故. 以有如是大方便智. 除滅無明. 見本法身, 自然而有不思議業種種之用. 卽與眞如等遍一切處. 又亦無有用相可得. 何以故. 謂諸佛如來, 唯是法身智相之身. 第一義諦. 無有世諦境界. 離於施作. 但隨衆生見聞得益故說爲用. 此用有二種. 云何爲二. 一者依分別事識. 凡夫二乘心所見者, 名爲應身. 以不知轉識現故, 見從外來, 取色分齊, 不能盡知故. 二者依於業識. 謂諸菩薩從初發意乃至菩薩究竟地心所見者, 名爲報身. 身有無量色. 色有無量相. 相有無量好. 所住依果亦有無量種種莊嚴, 隨所示現, 卽無有邊, 不可窮盡, 離分齊相. 隨其所應, 常能住持, 不毀不失. 如是功德, 皆因諸波羅蜜等無漏行熏, 及不思議熏之所成就, 具足無量樂相, 故說爲報身. 又爲凡夫所見者, 是其麤色. 隨於六道各見不同. 種種異類非受樂相故. 說爲應身. 復次初發意菩薩等所見者. 以深信眞如法故, 少分而見. 知彼色相莊嚴等事, 無來無去, 離於分齊. 唯依心現, 不離眞如. 然此菩薩猶自分別. 以未入法身位故. 若得淨心, 所見微妙, 其用轉勝. 乃至菩薩地盡, 見之究竟. 若離業識, 則無見相. 以諸佛法身, 無有彼此色相迭相見故. 問曰. 若諸佛法身離於色相者, 云何能現色相. 答曰. 卽此法身是色體故, 能現於色. 所謂從本已來, 色心不二. 以色性卽智性, 色體無形, 說名智身. 以智性卽色故, 說名法身遍一切處. 所現之色無有分齊. 隨心能示十方世界, 無量菩薩, 無量報身, 無量莊嚴, 各各差別, 皆無分齊, 而不相妨. 此非心識分別能知. 以眞如自在用義故.

자체는 변화되지 않는 것과 같이 중생도 그러하다. 중생은 무명으로 혼미하기 때문에 마음을 망념이라 하지만 마음은 실로 움직이지 아니하는 것이다. 만약 마음에 망념이 없는 줄 관찰해서 안다면 곧 그에 따라서 진여문에 들어가게 된다.[37]

> **해설**
>
> 우리 인간의 구성 요소인 오음五陰은 크게 색과 심으로 나누어진다. 색음을 추구한다면 모든 색을 부러뜨려서 극미에까지 이른다 해도 그 실체를 영구히 얻을 수가 없다. 육진경계라는 것도 마음에서 일어나는 것이므로 마음을 떠나서는 생각할 만한 모양이 없다. 또한 수·상·행·식음의 심心도 형상이 없어서 시방十方으로 찾아보아도 끝내 얻을 수가 없다. 중생은 무명으로 혼미하기 때문에 마음을 망념이라 하지만 마음은 실로 움직이는 것이 아니다. 우리가 동념動念(즉 망념)을 추적해 본다면 이미 없어졌거나 아직 생기지 않은 것이요, 중간에 머무는 바가 없다. 머무는 바가 없기

---

[37] 復次顯示從生滅門卽入眞如門. 所謂推求五陰色之與心, 六塵境界, 畢竟無念. 以心無形相, 十方求之終不可得. 如人迷故, 謂東爲西, 方實不轉. 衆生亦爾. 無明迷故, 謂心爲念, 心實不動. 若能觀察知心無念, 卽得隨順入眞如門故.

> 때문에 일어남이 없으니 그러므로 심성心性이 실로 움
> 직이지 않음을 알게 된다. 이처럼 잘 관찰하여 마음에
> 망념이 없는 줄 알면 바로 진여문에 들어가게 되는 것
> 이다.

2. 사집을 대치함(對治邪執)

사집을 대치함은 모든 사집이 모두 아견我見에 의하므로 만약 나(我)를 여의면 곧 사집도 없어진다는 것이다. 이 아견에는 두 가지가 있다. 첫째는 인아견人我見이고 둘째는 법아견法我見이다.[38]

> ▮해설▮
> 인아견이란 총상을 주재하는 자가 있다고 계탁하는 것이니 인아집이라고도 한다. 법아견이란 모든 존재에 각기 체성이 있다고 계탁하는 것이니 법집이다. 법집

---

[38] 對治邪執者. 一切邪執皆依我見. 若離於我, 則無邪執. 是我見有二種. 云何爲二. 一者人我見. 二者法我見.

> 은 이승이 일으키며 인집은 대승을 처음 배우는 사람
> 이 일으킨다.

1) 인아견

　인아견이란 모든 범부에 의해 말해지는 것으로 다섯 가지가 있다. 첫째는 경에서 "여래법신이 필경 적막하여 허공과 같다"라고 하는 말을 듣고 이것이 집착을 깨뜨리기 위한 것인 줄 모르기 때문에 곧 허공이 여래성이라 여기는 것이다. 이를 어떻게 대치해야 하는가? 허공상은 실제가 아닌 임시적인 존재(妄法)이기 때문에 체가 없어 여실하지 못하다. 그러나 색(물질세계)에 상대하기 때문에 볼 만한 상이 있는 것이어서 마음으로 하여금 생멸케 한다. 그런데 모든 색법은 본래 마음이어서 실로 밖의 색이 없다. 따라서 만약 밖의 색이 없다면 허공의 상도 없음을 밝히는 것이다. 모든 대상 경계는 오직 마음에서 잘못 일어나기 때문에 존재하는 것이니 만약 마음이 잘못된 움직임을 여의면 모든 대상 경계가 없어지고 오직 하나의 진심眞心으로서 두루하지 않는 바가 없다. 이는 여래의 광대한 성지性智의 궁극적인 뜻을 말한 것이지, 허공상과 같다는 것은 아니다.

두 번째는 경에서, "세간의 모든 존재 현상이 필경에는 체가 공하며 내지는 열반·진여의 법도 필경에는 공하니 본래부터 스스로 공하여 모든 상을 여의었다"라 하는 말을 듣고 집착을 깨뜨리기 위한 것인 줄을 모르기 때문에 곧 진여·열반의 본성이 오직 공하다고 여기는 것이다. 이를 어떻게 대치해야 하는가? 진여법신은 자체가 공하지 아니하여 무량한 성공덕을 구족했음을 밝히는 것이다.

세 번째는 경에서 "여래장은 증감이 없어서 그 체에 모든 공덕의 법을 갖추었다"라고 하는 말을 듣고 이해하지 못하기 때문에 곧 여래장은 색·심법의 자상과 차별을 가지고 있다고 여긴다. 이를 어떻게 대치해야 하는가? 오직 진여의 뜻에 의해 말하는 것이며 생멸염(업식의 생멸상)의 뜻에 의해 차별된 상을 나타냄을 차별이라고 말하는 것이다.

네 번째는 경에서 "모든 세간의 생사 염법이 다 여래장에 의하여 있으니 모든 존재 현상이 진여를 여의지 않았다"는 말을 듣고 이해하지 못하기 때문에 여래장 자체에 모든 세간의 생사 등의 법이 갖추어 있다고 여긴다. 이를 어떻게 대치해야 하는가? 여래장에는 본래부터 갠지스 강의 모래보다 많은 깨끗한 공덕(淨功德)이 있어서 진여의 뜻을 여의지도 않고 끊지도 아니하여 진여와 다르지 않기 때문이다. 갠지스 강의 모래보다 많은 번뇌의 염법은 오직 헛되이 있는 것이요, 그 자성은 본래부터 없는 것이니 무시의 때로부터 일찍이 여래장과 상응한 적이 없다. 만약 여래장의 체에 망법이 있다면 증득하여 영원히 망법을 없앤다는 것은 있을 수가 없다.

다섯 번째는 경에서 "여래장에 의하기 때문에 생사가 있으며 여래장에 의하기 때문에 열반을 얻는다"라고 하는 말을 듣고 이해하지 못하기 때문에 중생은 처음 시작이 있다고 하고 처음이 있기 때문에 또한 여래가 얻은 열반은 마침이 있어서 다시 중생이 된다고 한다. 이를 어떻게 대치해야 하는가? 여래장은 과거의 시초가 없기 때문에 무명의 상도 시작함이 없으니 만약 삼계 밖에 다시 중생이 처음 일어남이 있다고 한다면 곧 이는 외도경外道經의 설이다. 또 여래장은 미래의 끝이 없는 것이니 모든 부처가 얻은 열반이 그것과 상응하여 곧 미래가 없게 된다.[39]

---

39) 人我見者. 依諸凡夫說有五種. 云何爲五. 一者聞修多羅說, 如來法身, 畢竟寂寞, 猶如虛空. 以不知爲破著故, 卽謂虛空是如來性. 云何對治. 明虛空相是其妄法. 體無不實. 以對色故有. 是可見相令心生滅. 以一切色法, 本來是心, 實無外色. 若無色者, 則無虛空之相. 所謂一初境界, 唯心妄起故有. 若心離於妄動, 則一切境界滅, 唯一眞心無所不遍. 此謂如來廣大性智究竟之義, 非如虛空相故. 二者聞修多羅說, 世間諸法畢竟體空, 乃至涅槃眞如之法亦畢竟空, 從本已來自空, 離一切相. 以不知爲破著故, 卽謂眞如涅槃之性唯是其空. 云何對治. 明眞如法身自體不空, 具足無量性功德故. 三者聞修多羅說, 如來之藏無有增減, 體

> **해설**
>
> 이 다섯 가지 집착이 모두 법신·여래장 등 총상의 주主에 의해 집착을 일으키므로 인집이라 한다.

2) 법아견

법아견이란 여래가 근기가 둔한 이승을 위해 인무아人無我만을 설했으나 그 설함이 아직 궁극의 법을 다 밝힌 것은 아니기 때문에 이승들이 오음이 생멸하는 법을 보고 생사를 두려워하여 헛되이 열반을 취함을 말한다. 이를 어떻게 대치해야 하는가? 오음五陰법은 그 자성이 나지 않으며 따라서 멸함도 없어서 본래 열반인 것이다.

備一切功德之法. 以不解故, 卽謂如來之藏有色心法自相差別. 云何對治. 以唯依眞如義說故. 因生滅染義示現說差別故. 四者聞修多羅說, 一切世間生死染法, 皆依如來藏而有, 一切諸法不離眞如. 以不解故, 謂如來藏自體具有一切世間生死等法. 云何對治. 以如來藏從本已來, 唯有過恒沙等諸淨功德, 不離不斷, 不異眞如義故. 以過恒沙等煩惱染法, 唯是妄有, 性自本無, 從無始世來未曾與如來藏相應故. 若如來藏體有妄法, 而使證會永息妄者, 則無是處故. 五者聞修多羅說, 依如來藏故有生死, 依如來藏故得涅槃. 以不解故, 謂衆生有始. 以見始故, 復謂如來所得涅槃有其終盡, 還作衆生. 云何對治. 以如來藏無前際故, 無明之相亦無有始. 若說三界外更有衆生始起者, 卽是外道經說. 又如來藏無有後際, 諸佛所得涅槃與之相應, 則無後際故.

또한 망집을 끝까지 다 여의려면 염법과 정법이 모두 서로 의지하여 말할 만한 자상自相이 없음을 알아야 할 것이다. 그러므로 모든 존재 현상이 본래부터 색色도 아니요 심心도 아니며, 지智도 아니요 식識도 아니며, 유有도 아니요 무無도 아니어서 결국 그 모양을 말할 수 없는데도 말함이 있는 것은 여래의 교묘한 방편으로 언설을 빌어 중생을 인도하는 것임을 알아야 할 것이다. 그 취지는 모두 망념을 떠나 진여에 들어가게 하기 위함이니 일체법을 분별하여 마음을 생멸케 한다면 참된 지혜에 들어가지 못하기 때문이다.[40]

3. 도에 발심하여 나아가는 모양을 분별함(分別發趣道相)

■ 해설 ■
지금까지 정의를 밝혀 드러내고(顯示正義), 삿된 집착을

---

40) 法我見者. 依二乘鈍根故, 如來但爲說人無我. 以說不究竟, 見有五陰生滅之法, 怖畏生死, 妄取涅槃. 云何對治. 以五陰法自性不生, 則無有滅, 本來涅槃故. 復次究竟離妄執者. 當知染法淨法皆悉相待, 無有自相可說. 是故一切法從本已來, 非色非心, 非智非識, 非有非無, 畢竟不可說相. 而有言說者, 當知如來善巧方便, 假以言說引導衆生. 其旨趣者, 皆爲離念歸於眞如. 以念一切法令心生滅, 不入實智故.

> 다스리는(對治邪執) 부분을 말했다. 그렇다면 이제는 모든 부처님이 증득한 도를 향해 모든 보살이 발심해서 수행해 나아가는 뜻을 밝혀보겠다.

분별발취도상分別發趣道相이란 모든 여러 부처가 증득한 도에 모든 보살이 발심·수행하여 나아가는 뜻을 말한다. 대략 발심을 말하자면 세 가지가 있다. 첫째는 신성취발심信成就發心이요, 둘째는 해행발심解行發心이요, 셋째는 증발심證發心이다.41)

1) 신성취발심

신성취발심信成就發心은 어떤 사람이 어떤 행실을 닦아서 믿음이 성취되어 발심을 하는 것인가? 이른바 부정취중생不定聚衆生이 여래장 내의 훈습의 힘과 과거(前世)에 닦은 선근의 힘으로 업의 과보를 믿고 십선十善을 일으키며(福分의 선을 일으킴) 생사의 고통을 싫어하고 위 없는(無上) 보리菩提를 구하고자 하

---

41) 分別發趣道相者. 謂一切諸佛所證之道, 一切菩薩發心修行趣向義故. 略說發心有三種. 云何爲三. 一者信成就發心. 二者解行發心. 三者證發心.

며(道分의 마음을 일으킴), 여러 부처를 만나 직접 받들어 공양하고 신심(信心 도분의 十信)을 수행하는 것이다. 이리하여 십신에서 일만 겁을 지나서 신심이 성취되어 십주十住에 들어가기 때문에 모든 부처와 보살이 가르쳐 발심케 하니, 어떤 때는 대비大悲에 의해 스스로 발심케 하며 어떤 때는 정법正法이 없어지려 하기 때문에 호법護法의 인연으로 스스로 발심케 한다. 이처럼 신심이 성취되어 발심하게 되면 정정취正定聚(십주의 초발심주)에 들어가 끝까지 퇴전하지 아니한다. 이를 여래종 가운데 머물러 정인正因과 상응한다고 한다.

만약 어떤 중생이 선근이 미소하여 아득히 먼 옛날부터 지금까지의 번뇌가 매우 두텁다면, 비록 부처를 만나 공양하게 되더라도 인人·천天의 종자를 일으키고 혹은 이승의 종자를 일으킨다. 설사 대승을 구하는 이가 있더라도 근기가 결정되지 아니하여 어떤 때는 나아가고 어떤 때는 물러나며, 혹 여러 부처에게 공양함이 있더라도 아직 일만 겁을 지나지 아니하여 중도에 연緣을 만나 또한 발심함이 있다. 이른바 부처의 색상을 보고 그 마음을 일으키며 혹은 여러 스님에게 공양함에 의해 그 마음을 일으키며 혹은 이승인의 가르침에 의해 마음을 일으키며 혹은 다른 사람에게 배워 마음을 일으키는 것이다. 이러한 발심들은 모두 결정되지 아니한 것이니 나쁜

인연을 만나면 혹 퇴실하여 이승지에 떨어지기도 한다.42)

> **해설**
>
> 보살의 십주 이상 반드시 퇴전하지 않는 것을 정정취正定聚, 아직 십신에 들어가지 아니하여 인과를 믿지 않는 것을 사정취邪定聚, 이 둘의 중간에서 도에 나아가는 사람이 발심하여 무상보리를 구하려고 하지만 마음이 아직 결정되지 아니하여 뛰어난 자는 십주에 나아가고 열악한 자는 이승에 물러서는 것을 부정취不定聚라 한다. 여래종이란 불종 즉 불과를 내는 종자니 보살의 수행을 말한다. 인・천은 육취에서 인간계와 천상계의 중생을 말한다.

또한 신성취발심이란 어떤 마음을 발하는 것인가? 대략

---

42) 信成就發心者. 依何等人, 修何等行, 得信成就, 堪能發心. 所謂依不定聚衆生, 有熏習善根力故, 信業果報, 能起十善, 厭生死苦, 欲求無上菩提. 得值諸佛, 親承供養. 修行信心, 經一萬劫. 信心成就故, 諸佛菩薩教令發心. 或以大悲故, 能自發心. 或因正法欲滅, 以護法因緣, 能自發心. 如是信心成就得發心者, 入正定聚, 畢竟不退. 名住如來種中, 正因相應. 若有衆生善根微少. 久遠已來煩惱深厚. 雖值於佛亦得供養. 然起人天種子. 或起二乘種子. 設有求大乘者, 根則不定, 若進若退. 或有供養諸佛未經一萬劫, 於中遇緣亦有發心. 所謂見佛色相而發其心. 或因供養衆僧而發其心. 或因二乘之人教令發心. 或學他發心. 如是等發心, 悉皆不定, 遇惡因緣, 或便退失墮二乘地.

말하자면 이에 세 가지가 있다. 첫째는 직심直心이다. 이는 진여법을 바로 생각하여 마음이 평등하게 되니, 자리·이타의 근본이다. 둘째는 심심深心이다. 이는 근원을 궁구한다는 뜻이니, 근원에 돌아가려면 모든 선행을 즐겨 이루어야 하기 때문이다. 자리행의 근본이 된다. 셋째는 대비심大悲心이다. 이는 널리 제도하여 모든 중생의 고통을 덜어주고자 하는 것이니, 이타행의 근본이다.43)

> ▌해설▌
> 이 세 마음을 내면 어떤 악이든 여의지 않음이 없고 어떤 선이든 닦지 않음이 없으며, 한 중생도 제도되지 않는 바가 없으니 이를 무상보리심이라 한다.

[물음] 앞에서 법계는 하나의 상이며 불체佛體는 둘이 없다고 하였는데, 무슨 까닭으로 오직 진여만을 생각하지 아니하고 다시 모든 선행을 배우려고 하는 것인가?

[답함] 비유컨대 큰 마니보摩尼寶(여의주)의 체성은 맑고 깨

---

43) 復次信成就發心者, 發何等心. 略說有三種. 云何爲三. 一者直心. 正念眞如法故. 二者深心. 樂集一切諸善行故. 三者大悲心. 欲拔一切衆生苦故.

끗하지만 거친 광석의 때를 가지고 있어, 만약 사람이 마니보의 깨끗한 본성을 생각하면서도 방편으로써 갖가지로 갈고 다듬지 않으면 끝내 깨끗해질 수 없는 것과 같다. 이와 같이 중생의 진여법도 그 체성은 텅 비고 깨끗하나 한량없는 번뇌의 더러운 때가 있으니 만약 사람이 비록 진여를 생각할지라도 방편으로써 갖가지로 훈습하여 닦지 않으면 또한 깨끗해질 수가 없다. 때가 한량이 없어 모든 법에 두루 다 묻어 있기 때문에 온갖 선행을 닦아서 대치하는 것이니 만약 사람이 모든 선법을 수행하면 절로 진여법에 따르게 된다.

대략 방편을 설명하자면 네 가지가 있다. 첫째는 행근본방편行根本方便이다. 모든 법에 그 자성이 생겨나지 않음을 보고 허망된 견해(妄見)를 여의어 생사에 머물지 아니하며, 모든 법이 인연으로 화합하여 업과業果를 잃지 아니함을 보고 대비를 일으켜 여러 복덕을 닦아 중생을 받아들여 교화하여 열반에 머물지 아니함을 말하니, 이는 머물러 집착함이 없는 법성에 따르는 것이다. 둘째는 능지방편能止方便이다. 자신의 허물을 부끄러워하고 뉘우쳐서 모든 악법을 그치게 하여 증장하지 않게 함을 말하니, 이는 모든 허물을 여읜 법성에 따르는 것이다. 셋째는 선근을 일으켜 증장시키는 방편(發起善根增長方便)이다. 삼보에게 부지런히 공양하고 예배하며 모든 부처를 찬탄하고 부처님의 좋은 일을 따라 기뻐하며 설법해 주기를 청한다. 이와 같이 삼보를 사랑하고 공경하는 순후한 마음 때문에 믿음이 증장되어 위 없는(無上) 도를 구하는 데 뜻을 둔다. 또 불·법·승의 힘으로 보호받음으로써 업장을 녹이고 선근이 퇴전하지 않음을 말하니 이는 어리석음의 장애(癡障)를 여의는 법성에 따르는 것이다. 넷째는 대원평등방편大願平等方便이다. 미래에 다하도록 모든 중생을 남김없이 교화 제도하여 모두 무여열반無餘涅槃을 끝까지 이루도록 발원하는 것을 말하니, 이는 단절됨이 없는 법성에 따르기 때문이며 법성이 광대하여 모든 중생에 두루 평등하니 둘이 없으며 피차를 생각하지 아니하므로 끝내 적멸하게 되기 때문이다.(이상은 발심하는 모습을 나타낸다)

　보살이 이런 마음을 내기 때문에 조금이나마 법신을 보게 되며(십주보살이 人空門에 의해 법계를 보는 相似見 : 自利의 공덕) 법신을 보기 때문에 그 원력에 따라서 여덟 가지로 중생을 이익되게 한다.(利他의 공덕) 이는 ①도솔천으로부터 나와서, ②모태에 들어가고, ③모태에 머물고, ④모태에서 나와서, ⑤출가하여, ⑥성도成道하고, ⑦법륜을 굴리며, ⑧열반에 듦을 말한다. 그러나 이 보살을 아직 법신이라 하지 않는 까닭은 그가 과거 한량없는 때로부터 유루有漏(고제·집제의 번뇌를 가짐)

의 업을 끊어버리지 못하고 태어난 바에 따라 미세한 고통(변역생사의 아라야행고)을 받기 때문이다. 그러나 이 고통은 업에 얽매인 것이 아니니 대원에 의해 자재한 힘을 가졌기 때문이다. 경에서 "어느 때는 악취에 물러나 떨어짐이 있다"고 말한 것은 실제로 물러나 떨어지는 게 아니라, 다만 초학보살로서 아직 정위正位에 들지 못하고 게으름 피우는 자를 위해 두려워하는 마음을 품게 하여 그로 하여금 용맹케 하기 위함이다. 또 이 보살이 한 번 발심한 후에는 겁약한 마음을 멀리 여의어 이승지에 떨어짐을 끝내 두려워하지 않으며 가령 무량무변한 아승기겁(아승기는 산수로 표현할 수 없는 가장 많은 수)의 긴 시간에 어려운 행실을 부지런히 애써야만 열반을 얻는다는 것을 듣더라도 겁내어 좌절하지 않을 것이니 일체법이 본래부터 스스로 열반임을 믿어 알기 때문이다. (이상은 발심의 공덕을 나타낸다)[44]

---

44) 問曰. 上說法界一相佛體無二. 何故不唯念眞如. 復假求學諸善之行答曰. 譬如大摩尼寶體性明淨. 而有礦穢之垢. 若人雖念寶性. 不以方便種種磨治, 終無得淨. 如是衆生眞如之法體性空淨, 而有無量煩惱染垢. 若人雖念眞如, 不以方便種種熏修, 亦無得淨. 以垢無量遍一切法故, 修一切善行以爲對治. 若人修行一切善法, 自然歸順眞如法故. 略說方便有四種, 云何爲四. 一者行根本方便. 謂觀一切法自性無生, 離於妄見, 不住生死. 觀一切法因緣和合, 業果不失, 起於大悲, 修諸福德, 攝化衆生, 不住涅槃. 以隨順法性無住故. 二者能止方便. 謂慚愧悔過, 能止一切惡法不令增長. 以隨順法性離諸過故. 三者發起善根增

2) 해행발심

해행발심解行發心이란 더욱 뛰어난 것임을 알아야 할 것이다. 보살이 처음 정신正信으로부터 제일아승기겁이 다 차려고 할 때이므로 진여법에 대한 깊은 이해가 앞에 나타나 닦는 것이 상을 여의게 되기 때문이다.(十廻向의 자리에서 平等空身口意의 삼업이 공적함을 얻음) 법성의 체는 간탐慳貪(인색하고 욕심이 많음)이 없는 것임을 알기 때문에 그에 따라서 보시바라밀을 수행한다(십행의 자리에서 법공을 얻음). 법성은 물들어 더럽혀짐이 없어 오욕五欲(색·성·향·미·촉의 오경에 의해 일어나는 감각적 쾌락)의 허물을 여읜 줄 알기 때문에 그에 따라서 지계持戒바라밀을 수행한다. 법성은 괴로움(苦)이 없어 성내고 괴로워함을 여

長方便. 謂勤供養禮拜三寶, 讚歎隨喜, 勸請諸佛. 以愛敬三寶淳厚心故, 信得增長, 乃能志求無上之道. 又因佛法僧力所護故, 能消業障善根不退. 以隨順法性離癡障故. 四者大願平等方便. 所謂發願盡於未來, 化度一切衆生使無有餘皆令究竟無餘涅槃. 以隨順法性無斷絶故. 法性廣大, 遍一切衆生, 平等無二, 不念彼此, 究竟寂滅故. 菩薩發是心故, 則得少分見於法身. 以見法身故, 隨其願力能現八種利益衆生. 所謂從兜率天退, 入胎, 住胎, 出胎, 出家, 成道, 轉法輪, 入於涅槃. 然是菩薩未名法身. 以其過去無量世來有漏之業未能決斷. 隨其所生與微苦相應. 亦非業繫. 以有大願自在力故. 如修多羅中, 或說有退墮惡趣者, 非其實退. 但爲初學菩薩未入正位而懈怠者恐怖, 令使勇猛故. 又是菩薩一發心後, 遠離怯弱, 畢竟不畏墮二乘地. 若聞無量無邊阿僧祇劫, 勤苦難行乃得涅槃, 亦不怯弱. 以信知一切法從本已來自涅槃故.

원 줄 알기 때문에 그에 따라서 인욕忍辱바라밀을 수행한다. 법성은 신심身心의 상이 없어 게으름을 여읜 줄 알기 때문에 그에 따라서 정진精進바라밀을 수행한다. 법성은 항상 안정해 있어 그 체에 어지러움이 없는 줄 알기 때문에 그에 따라서 선정禪定바라밀을 수행한다. 법성은 체가 밝아서 무명을 여읜 줄 알기 때문에 그에 따라서 반야般若바라밀을 수행한다.45)

3) 증발심

증발심證發心은 전식轉識에 의하여 정심지淨心地(초지 환희지)로부터 보살구경지(제10지)에 이르기까지 진여의 경계를 증득하는 것이다. 전식의 능견작용에 대해 경계라고 말하지만 이 증득은 능·소가 없으므로 경계가 없고 오직 진여지眞如智일 뿐이므로 법신이라 한다. 이 보살은 일념 사이에 시방十方의 남김 없는 세계에 이르러 모든 부처에게 공양하여 법륜을 굴

---

45) 解行發心者. 當知轉勝. 以是菩薩從初正信已來, 於第一阿僧祇劫將欲滿故. 於眞如法中, 深解現前, 所修離相. 以知法性體無慳貪故, 隨順修行檀波羅蜜. 以知法性無染, 離五欲過故, 隨順修行尸波羅蜜. 以知法性無苦, 離瞋惱故, 隨順修行屬提波羅蜜. 以知法性無身心相, 離懈怠故, 隨順修行毘梨耶波羅蜜. 以知法性常定, 體無亂故, 隨順修行禪波羅蜜. 以知法性體明, 離無明故, 隨順修行般若波羅蜜.

리기를 청하니 그것은 오직 중생을 이끌어 이익 되게 하기 위한 것이지 미묘한 언사나 들으려고 하는 것은 아니다. 혹은 지地를 초월하여 빨리 정각正覺을 이루는 것을 보이니 이는 겁약한 중생을 위함이다. 혹은 내가 한량없는 아승기겁의 기간에 불도를 이룬다고 설하였으니 이는 게으르고 교만한 중생을 위함이다. 이러한 무수한 방편의 불가사의함이 보이지만 실은 보살은 그 종성種性(소질 성분)의 능력이 같으며 발심이 같고 증득한 것도 같아서 초과하는 법이 없으니 모든 보살이 모두 다 세 아승기겁을 거치기 때문이다. 단지 중생 세계의 같지 않음과 보는 바와 듣는 바의 근根(능력)·욕欲(희망)·성질이 다름에 따라서 행하는 것을 보이는 것도 차별이 있다. 또 이 보살의 발심상에는 세 가지 마음의 미세한 상이 있다. 첫째는 진심眞心(無分別智)이니 분별이 없기 때문이요, 둘째는 방편심方便心(後得智)이니 자연히 두루 행하여 중생을 이익 되게 하기 때문이요, 셋째는 업식심業識心(무분별지와 후득지가 의거하는 아라야식)이니 미세하게 생멸하기 때문이다.46)

---

46) 證發心者. 從淨心地, 乃至菩薩究竟地, 證何境界. 所謂眞如. 以依轉識說爲境界. 而此證者無有境界. 唯眞如智名爲法身. 是菩薩於一念頃, 能至十方無餘世界, 供養諸佛, 請轉法輪. 唯爲開導利益衆生, 不依文字. 或示超地速成正覺, 以爲怯弱衆生故. 或說我於無量阿僧祇劫當成佛道, 以爲懈慢衆生故. 能示如是無數方便, 不可思議. 而實菩薩種性

해설

시각의 4단계 및 6염과 발취도상의 상응관계를 도표로 정리해 보면 아래와 같다.

시각	능각인	소각상	6염	발취도상
불각	범부 (심신)	멸상: 7가지악업		신성취발심 (인공) (십신~십주)
상사각	십주 이상의 삼현 보살	이상: 탐진치 등의 추분별직잡상 (제6식)	집상응염(십주~지전) : 인집	해행발심 (법공) (십행~십회향)
수분각	초지 이상의 10지 보살	주상: 인·법집 등의 분별추념상 (제7식)	부단상응염(십주~초지) : 법집(상속식) 분별지상응염(2지~7지) : 말나식 현색불상응염(제8지) : 현상 능견심불상응염(제9지) : 전상	증발심 (초지~10지) 법신을 증득함 (진여지)
구경각	제10지	생상: 심초기상 (제8식)	근본업불상응염 (제10지) : 업상 (여래지) : 견일처주지의 무명	

또 이 보살은 공덕이 다 이루어져서(제10지에서 因行이 다 이루어짐) 색구경처色究竟處(색계 사선천의 맨 위에 있는 하늘사람과 그 依處. 일심이 적정하여 만상이 다 비추이는 경지)에서 모든 세간 가운데 가장 높고 큰 몸을 보이니(이는 10지보살이니 바로 보신불의

根等, 發心則等, 所證亦等, 無有超過之法. 以一切菩薩皆經三阿僧祇劫故. 但隨衆生世界不同. 所見所聞根欲性異. 故示所行亦有差別. 又是菩薩發心相者, 有三種心微細之相. 云何爲三. 一者眞心. 無分別故. 二者方便心. 自然遍行利益衆生故. 三者業識心. 微細起滅故.

타수용신임), 이는 일념상응하는 지혜로서 무명이 단번에 없어지는 일체종지一切種智(모든 만법의 별상을 낱낱이 정밀하게 아는 부처님의 지혜)를 갖추고(自利) 자연히 불가사의한 작용으로 시방에 나투어 중생을 이익 되게 함(利他)을 말한다.

[물음] 허공이 끝이 없기 때문에 세계가 끝이 없고, 세계가 끝이 없기 때문에 중생이 끝이 없으며, 중생이 끝이 없기 때문에 심행心行(마음작용)의 차별 또한 끝이 없다. 이러한 경계는 한계 지을 수 없어 알기가 어렵다. 만약 무명이 단절된다면 심상心想이 없어질 텐데 어떻게 잘 알기에 일체종지라 하는가?

[답함] 모든 경계는 본래 일심이어서 상념을 떠나 있으나 중생이 잘못 경계를 보기 때문에 마음에 한정됨이 있으며 상념을 잘못 일으켜서 법성法性과 일치하지 않아 분명히 알지 못하는 것이다. 모든 부처와 여래는 망견·망상을 여의어서 두루하지 않는 바가 없으니 마음이 진실하기 때문이다. 곧 이는 모든 법의 본성이다. 그 자체가 모든 망법(거짓된 법)을 환하게 비추어 대지大智의 작용과 한량없는 방편으로 모든 중생의 응당 알아야 할 바를 따라서 갖가지 법의法義(불법의 이치)를 모두 열어 보이기 때문에 일체종지라 하는 것이다.

[물음] 만약 모든 부처에게 자연업自然業이 있어서 모든 곳

에 나타나 중생을 이익 되게 한다면 모든 중생이 그 부처의 몸을 보거나 신비한 변화를 보거나 그 말씀을 듣거나 하여 이익 되지 않음이 없을 텐데 어찌하여 세간에서 보지 못하는 이가 많은가?

[답함] 모든 부처와 여래의 법신이 평등하여 모든 곳에 두루하며 작의作意(의식적인 노력)가 없기 때문에 '자연'이라 하였으니 이는 다만 중생심에 따라서 나타내신 것이다. 중생심이란 마치 거울과 같아서 거울에 만약 때가 있으면 색상이 나타나지 않는 것처럼 중생심에도 만약 때가 있으면 법신이 나타나지 않는다.[47]

---

47) 又是菩薩功德成滿, 於色究竟處示一切世間最高大身. 謂以一念相應慧, 無明頓盡, 名一切種智. 自然而有不思議業, 能現十方利益衆生. 問曰. 虛空無邊故, 世界無邊. 世界無邊故, 衆生無邊. 衆生無邊故, 心行差別亦復無邊. 如是境界, 不可分齊, 難知難解. 若無明斷無有心想, 云何能了名一切種智. 答曰. 一切境界, 本來一心, 離於想念. 以衆生妄見境界, 故心有分齊. 以妄起想念, 不稱法性, 故不能決了. 諸佛如來離於見想, 無所不遍. 心眞實故, 卽是諸法之性. 自體顯照一切妄法. 有大智用無量方便. 隨諸衆生所應得解. 皆能開示種種法義. 是故得名一切種智. 又問曰. 若諸佛有自然業. 能現一切處利益衆生者. 一切衆生, 若見其身, 若睹神變, 若聞其說, 無不得利. 云何世間多不能見. 答曰. 諸佛如來法身平等, 遍一切處, 無有作意故, 而說自然. 但依衆生心現 衆生心者, 猶如於鏡. 鏡若有垢, 色像不現. 如是衆生心若有垢, 法身不現故. 已說解釋分.

Ⅳ. 수행신심분

이미 해석분을 말했으니 다음에는 수행신심분修行信心分을 말하겠다. 여기서는 아직 정정취에 들어가지 못한 중생을 두고 말하기 때문에 신심의 수행을 얘기한다.[48]

> **해설**
>
> 아직 정정취에 들지 못한 중생이 바로 부정취중생이다. 앞의 분별발취도상분에서는 부정취 내에 뛰어난 이를 위하여 신성취발심에서 증발심에 이르기까지 차례로 발심하여 나아가는 것을 밝혔으나, 여기서는 부정취 내에 열등한 이를 위하여 네 가지 신심과 오문五門의 행으로써 믿음을 닦을 것을 말한다. 열등한 이가 믿음을 닦는 것을 성취하면 다시 발취분 중의 세 가지 발심에 의해 나아간다.

---

48) 次說修行信心分. 是中依未入正定衆生, 故說修行信心.

1. 사신四信

 어떠한 신심信心을 어떻게 수행하는가? 대략 말하자면 신심에는 네 가지가 있다. 첫째는 근본(진여)을 믿는 것이니 진여법을 즐겨 생각하는 것이다. 둘째는 부처에게 한량없는 공덕이 있음을 믿는 것이니, 항상 부처를 가까이 하고 공양하고 공경할 것을 생각하여 선근을 일으켜 일체지一切智(모든 법의 총상을 개괄적으로 아는 지혜)를 구하려고 하는 것이다. 셋째는 법의 큰 이익이 있음을 믿는 것이니 항상 모든 바라밀을 수행할 것을 생각하는 것이다. 넷째는 사문이 바르게 수행하여 자리·이타할 것을 믿는 것이니, 항상 모든 보살을 즐겨 친근히 하여 참다운 수행을 배우려고 하는 것이다. 수행에 오문五門이 있어 이 네 가지 믿음을 잘 성취할 수 있다. 다섯 가지 문이란 첫째는 시문施門이요, 둘째는 계문戒門이요, 셋째는 인문忍門이요, 넷째는 진문進門이요, 다섯째는 지관문止觀門이다.[49]

---

49) 何等信心. 云何修行. 略說信心有四種. 云何爲四. 一者信根本. 所謂樂念眞如法故. 二者信佛有無量功德. 常念親近供養恭敬, 發起善根, 願求一切智故. 三者信法有大利益常念修行諸波羅蜜故. 四者信僧能正修行自利利他. 常樂親近諸菩薩衆, 求學如實行故. 修行有五門, 能成此信. 云何爲五. 一者施門. 二者戒門. 三者忍門. 四者進門. 五者止觀門.

> ■해설■
> 『기신론』에서는 6바라밀 가운데 정定과 혜慧를 합해서 닦기 때문에 이 둘을 합하여 지관문이라 한다.

2. 오행五行

어떻게 시문施門을 수행하는가? 만약 와서 구하여 찾는 사람을 보거든 그가 누구든지 간에 가지고 있는 재물을 힘닿는 대로 베풀어 줌으로써 스스로 간탐慳貪을 버려 그로 하여금 환희케 하며(財 보시), 만약 액난·공포·위핍危逼을 받는 사람을 보거든 자기의 능력에 따라 두려움이 없도록 해 주며(無畏 보시), 만약 어떤 중생이 와서 법을 구하면 자기가 아는 대로 방편으로 설하되(法 보시) 명리나 공경을 탐내어 찾아서는 안 되고 오직 자리·이타만을 생각하여 보리菩提에 회향하도록 한다.

어떻게 계문戒門을 수행하는가? 이른바 살생하지 않고, 도적질 하지 않고, 음행하지 않으며, 이간질 하는 말을 하지 않고, 욕설하지 않고, 거짓말 하지 않고, 꾸미는 말(綺語)을 하지 않으며, 탐질貪嫉(탐내어 질투함), 사기침, 첨곡諂曲(남을 속이기 위해 고분고분 비위 맞춤), 성냄, 사견邪見을 멀리 여의도록 한다. 만약 출가한 자라면 번뇌를 꺾어 굴복시키기 위해 응당 시끄러운 것을 멀리 여의고 항상 고요한 데 처하여 욕심을 적게 하고(少欲) 만족할 줄 알며(知足), 걸식 등으로 번뇌를 없애고 의식주에 탐착하지 않으며, 청정하게 불도를 수행하는(頭陀) 등의 행을 닦거나 작은 죄라도 마음에 두려움을 내어 부끄러워하고 회개하여 여래가 만든 계율을 가벼이 여기지 아니한다. 또 마땅히 다른 사람의 비난과 싫어함(譏嫌)을 막아 그 비난하는 중생으로 하여금 허물을 잘못 일으키지 않게 해야 한다.

어떻게 인문忍門을 수행하는가? 마땅히 타인의 괴롭힘을 참아서 마음에서 보복할 것을 생각하지 않아야 하며 또 마땅히 이익과 손해, 비난과 명예, 칭찬과 기롱, 괴로움과 즐거움 등의 법(八風)을 참고 견디도록 한다.

어떻게 진문進門을 수행하는가? 이른바 모든 선한 일에 마음이 게으르거나 주저함이 없어서 마음먹은 것이 굳세고 강하여 겁약함을 멀리 여의며, 마땅히 아득히 먼 과거의 때로부터 헛되이 모든 몸과 마음의 큰 고통을 받아 아무런 이익이 없음을 생각하여야 한다. 이 때문에 응당 모든 공덕을 부지런히 닦아 자리·이타하여 빨리 모든 고통을 여의도록 한다.[50]

> ■해설■
> 다음은 수행자의 장애를 제거하는 방법을 보여 준다.

또 만약 어떤 사람이 신심을 수행하였으나 조상부모 때로부터 지은 중죄와 악업의 장애가 많이 있기 때문에 삿된 마구니와 여러 귀신에게 괴롭힘을 받거나 어지럽힘을 당하며 혹은 세간의 사무事務 때문에 여러 가지로 끌리고 얽매이고 혹은 병고 때문에 괴로움을 당하니, 이러한 여러 많은 장애가 있기 때문에 응당 용맹히 정근하여 아침저녁 6시에 모든 부처에게 예배하여(정토왕생을 원하는 이가 매일 일몰·초저녁·中夜·後夜·아침·日中의 육시에 부처님의 공덕을 찬탄하는 수행법) 성심으로 참회하고 권청(부처님께 설법해 주기를 원함)하고 수희隨喜(남의

---

50) 云何修行施門. 若見一切來求索者, 所有財物隨力施與, 以自捨慳貪, 令彼歡喜. 若見厄難恐怖危逼, 隨己堪任, 施與無畏. 若有衆生來求法者, 隨己能解, 方便爲說. 不應貪求名利恭敬. 唯欲自利利他, 迴向菩提故. 云何修行戒門. 所謂不殺不盜不婬, 不兩舌不惡口不妄言不綺語, 遠離貪嫉欺詐諂曲瞋恚邪見. 若出家者, 爲折伏煩惱故, 亦應遠離憒鬧, 常處寂靜, 修習少欲知足頭陀等行. 乃至小罪, 心生怖畏, 慚愧改悔. 不得輕於如來所制禁戒. 當護譏嫌, 不令衆生妄起過罪故. 云何修行忍門. 所謂應忍他人之惱, 心不懷報. 亦當忍於利衰毀譽稱譏苦樂等法故. 云何修行進門. 所謂於諸善事, 心不懈退. 立志堅强, 遠離怯弱. 當念過去久遠已來, 虛受一切身心大苦, 無有利益. 是故應勤修諸功德, 自利利他, 速離衆苦.

좋은 일을 보고 자기 일처럼 따라서 기뻐함)하며, 보리에 회향하기를 늘 쉬지 아니하면 모든 장애를 벗어나 선근이 증장하게 된다.51)

> ▌해설▐
> 참회하여 모든 악업의 장애를 제멸하며, 권청하여 정법正法의 비방을 없애며, 수희하여 다른 이의 뛰어남을 질투하는 것에 대치하며, 회향하여 삼계에 대한 애착을 대치한다.

3. 지관문止觀門

어떻게 지관문을 수행하는가? 지止란 진여문 즉 각혜覺慧에 의해 모든 바깥 경계상을 그치게 함을 말하니,(무분별지를 이룸) 사마타관을 수순하는 뜻이다. 관觀이란 생멸문에 의해

---

51) 復次若人雖修行信心. 以從先世來多有重罪惡業障故, 爲魔邪諸鬼之所惱亂. 或爲世間事務種種牽纏. 或爲病苦所惱. 有如是等衆多障礙. 是故應當勇猛精勤, 晝夜六時, 禮拜諸佛, 誠心懺悔, 勸請隨喜, 迴向菩提, 常不休廢, 得免諸障, 善根增長故.

인연생멸상을 관찰하여 분별함을 말하니,(후득지를 이룸) 위파사나관을 수순하는 뜻이다. 어떻게 수순하는가? 이 두 가지 뜻으로 점점 수습하여 서로 여의지 아니한 채 쌍으로 눈앞에 나타나는 것이다.(正觀이 나타남)

만약 지止를 닦는다면 고요한 곳에 머물러 단정히 앉아서 (몸을 고르게 함) 뜻을 바르게 하되(마음을 고르게 함) 기식氣息(數息觀을 말함. 날숨과 들숨을 세어 마음의 산란을 방지하는 관법)에 의지하지 않으며, 형색形色(骨瑣觀을 말함. 나와 남의 몸을 백골로 관하여 탐욕을 없애는 법)에 의지하지 않으며, 공에 의지하지 않고 지·수·화·풍에 의지하지 않거나(공·지·수·화·풍을 대상으로 수행하여 색계정 무색계정에 들어감) 견문각지見聞覺知(흩어진 마음에서 취하는 육진)에 의지하지 않아야 한다.(內住)

모든 상념을 생각생각마다 다 없애고(等住) 또한 없앤다는 생각마저도 없애야 한다.(安住) 모든 법은 본래 상이 없어서 생각생각이 나지 않고 생각생각이 멸하지 않으며(近住) 또한 마음을 따라 밖으로 경계를 생각할 수도 없다.(調順) 그런 후에 마음으로써 마음을 제멸하면 움직이는 마음이 일어나지 않는다.(寂靜) 마음이 만약 치달려 흩어지면 곧 거두어 와서 정념正念에 머물게 해야 하니 이 정념에는 오직 마음뿐 바깥 경계가 없음을 알아야 한다. 곧 또한 이 마음도 자상이 없어서 생각생각을 얻을 수 없다.(最極 적정) 만일 앉은 데서 일어나 오고 가고 나아가고 머무는 데에 몸을 움직이는 바가 있더라도 그 모든 때에 항상 지止를 닦는 방편을 생각하여 수순, 관찰하여 오래 익혀 익숙하게 되면 마음이 머물게 된다.(專住一趣) 마음이 머물기 때문에 점점 그 마음이 예리해져서 진여삼매에 수순하여 들어가게 되어(等持 : 진여상에 머뭄) 번뇌를 깊이 조복하고 신심이 증장하여 속히 불퇴전(수행이 퇴보하지 않음)의 경지를 이룬다.(진여삼매의 힘의 작용) 다만 이 깊은 이치를 의혹하고 신심이 전혀 없이 불신하여 정도를 비방하고 중죄업장(부모를 죽이는 등 五逆罪와 네 가지 波羅夷罪 등에 의한 업장)을 짓고 아만을 갖고 게으른데다 나태한 사람은 제외하니 이런 사람들은 불퇴전의 경지에 들어갈 수 없다.[52]

---

52) 云何修行止觀門. 所言止者, 謂止一切境界相, 隨順奢摩他觀義故. 所言觀者, 謂分別因緣生滅相, 隨順毘鉢舍那觀義故. 云何隨順. 以此二義漸漸修習, 不相捨離, 雙現前故. 若修止者. 住於靜處, 端坐正意. 不依氣息不依形色. 不依於空不依地水火風, 乃至不依見聞覺知. 一切諸想隨念皆除. 亦遣除想. 以一切法本來無相, 念念不生, 念念不滅. 亦不得隨以外念境界, 後以心除心. 心若馳散, 卽當攝來住於正念. 是正念者, 當知唯心, 無外境界. 既復此心亦無自相, 念念不可得. 若從坐起, 去來進止, 有所施作. 於一切時, 常念方便, 隨順觀察. 久習淳熟, 其心得住, 以心住故, 漸漸猛利, 隨順得入眞如三昧. 深伏煩惱, 信心增長, 速成不退. 唯除疑惑, 不信, 誹謗, 重罪業障, 我慢, 懈怠, 如是等人所不能入.

▌해설▐

• 지를 닦으려면 첫째, 고요한 곳에 머물러야 한다. 이를 위해서는 다섯 가지 조건을 갖추어야 한다. ① 고요한 곳에 한거하는 것이니 곧 산림에 머무는 것이다. 취락에 머물면 반드시 소란스러움이 있기 때문이다. ② 지계가 깨끗해야 한다. 만약 깨끗하지 못하면 반드시 참회하여 업장을 여의여야 한다. ③ 의식衣食이 구족해야 한다. ④ 선지식을 만나야 한다. ⑤ 모든 반연하는 일을 쉰다.

둘째, 단정히 앉아서 뜻을 바르게 해야 한다. 단정히 앉는 것은 몸을 고르게 하는 것이요, 뜻을 바르게 하는 것은 마음을 고르게 하는 것이다. 먼저 몸을 고르게 하기 위해서는 ① 앉는 곳을 편안케 하는 것이니 항상 안온케 하여 오래도록 방해가 없게 한다. ② 다리를 바르게 해야 한다. 만약 반가좌半跏坐를 하려면 왼쪽 다리를 오른쪽 넓적다리 위에 두어서 몸 가까이 끌어당겨 왼쪽 다리의 발가락이 오른쪽 넓적다리와 가지런하게 하며, 만약 전가좌全跏坐를 하려면 곧 오른쪽 다리를 고쳐서 반드시 왼쪽 넓적다리 위에 두고 다음엔 왼쪽 다리를 오른쪽 넓적다리 위에 둔다. ③ 옷의 띠를 풀어 느슨하게 하되 앉을 때 띠가 떨어지지 않게 한다. ④ 손을 편안하게 해야 한다. 왼손바닥을 오른

손 위에 두어 손을 겹치서 서로 대하여 왼쪽 넓적다리 위에 가지런히 두되 몸 가까이 끌어당겨 중심에 두어 편안케 한다. ⑤ 몸을 바로잡아야 한다. 먼저 몸과 팔다리의 마디를 요동시켜 7~8번 반복함으로써 스스로 안마하는 법과 같이 하여 수족을 어긋나지 않게 한다. 몸을 바르고 단정하게 똑바로 하여 어깨의 뼈가 서로 대함에 구부러지게 하지도 말고 솟게 하지도 말아야 한다. ⑥ 머리와 목을 바르게 해야 한다. 코가 배꼽과 서로 대하게 하는데 기울지도 삐딱하지도 않게 하며 위로 올리지도 아래로 내리지도 않게 하여 평면으로 바르게 머물게 한다.

다음으로는 마음을 고르게 갖는 것이다. 말세의 수행인이 바르게 원하는 이는 적고 잘못 구하는 이가 많은 것은 명리를 구하여 적정寂靜한 위의를 나타내지만 헛되이 세월을 보내어 정定을 얻을 수 없기 때문이니, 이를 막아 정심定心으로 자도自度·도타度他하여 무상도에 이르게 해야 한다.

마음을 고르게 하는 데는 아홉 가지 심주를 닦아야 한다. ① 내주 : 수식관, 골쇄관(백골관)에서 얻는 상, 사정事定(공·지·수·화·풍을 대상으로 수행하여 색정, 무색정에 들어가는 것)이 반연하는 경계와 흩어진 마음으로 취하는 육진경계 등 모든 외진外塵들로부터 그 마음을 거두어 단속하여 안에다 매어 두어서 밖으로 산란하지 않게 한다. ② 등주 : 내주에서 수식數息 등의 상을 각각 깨뜨렸으나 이는 초수初修이다. 따라서 최초에 계박된 그 마음이 거칠게 움직이기 때문에 이 경계를 깨뜨렸으되 다시 나머지 경계를 생각한다. 나머지 경계에 대해 상속방편相續方便과 징정방편澄淨方便으로 이를 꺾어 미세하게 하여 두루 거두어 들여서 머물게 한다. ③ 안주 : 마음이 내주, 등주하였으나 내주, 등주하는 마음을 놓쳐 밖으로 산란하기 때문에 또다시 거두어 단속하여 내경內境에 안치한다. 즉 앞에서는 비록 밖으로 치달리는 생각을 모두 없앴으나 오히려 안으로 없앤다는 생각이 남아 있고, 안의 생각이 없어지지 않으면 밖의 생각이 다시 나므로 안으로 안주하지 못하게 된다. 이제 다시 이 없앤다는 생각까지 없애는 것이니 안에 두지 않음으로 해서 곧 밖을 잊을 수 있다. 밖을 잊어서 고요해지면 곧 이것이 안주이다. ④ 근주 : 염주念住(안주를 생각함)를 수습하는 힘에 의지하므로 안팎의 모든 법이 본래 생각할 수 있는 것도, 생각할 만한 것도 없는 줄 분명히 알아서 그 생각생각이 나지도 멸하지도 않음을 미루어, 자주자주 뜻을 일으켜 그 마음을 안으로 머무르게 하여 마음이 멀리 밖에 머무르지 않게 한다. ⑤ 조순 : 색·성·향·미·촉의 오진五

塵과 탐·진·치의 삼독과 남녀(색욕) 등의 경계상이 마음을 산란케 하는데, 앞서의 안주와 근주를 수습함으로써 밖의 경계에 여러 가지 허물이 있음을 깊이 알고 저러한 경계상들을 근심거리의 생각으로 여겨야 한다. 이러한 생각의 증상력으로 모든 상에 대해 그 마음을 꺾어버려서 흐트러지지 않게 한다. ⑥ 적정寂淨 : 갖가지 욕구하는 마음, 진에의 마음, 남을 해치는 마음 등 여러 나쁜 심사尋思와 탐욕개貪慾蓋(자기 뜻에 맞는 것을 탐내어 구하는 정신작용이 우리의 심식을 덮어서 선법을 발생하지 못하게 함) 등의 수번뇌隨煩惱가 있어 마음을 요동케 한다. 조순에 의해 그 허물을 더욱 깨달았으므로 이러한 여러 가지 심사와 수번뇌들을 근심거리의 생각으로 여겨서, 생각의 증상력으로써 저러한 것들에 마음이 흐트러지지 않게 한다. ⑦ 최극적정最極寂淨 : 적정의 마음을 놓침으로써 여러 나쁜 심사와 여러 수번뇌들이 잠시 현행할 때에 곳에 따라 일어나지만 차마 받지 아니하고 이윽고 토해 낸다. 이 중에 두 가지가 있다. 먼저 정념正念을 놓치어 잠시 밖의 경계에 치달려 흩어졌으나 정념의 힘에 의해 그대로 차마 받아들이지 않는 것이다. 다음은 정념을 놓치어 다시 내심에 두다가 수행의 힘으로 이윽고 돌이켜 토해내는 것이다. 이처럼 안팎에서 받지 않고 돌이켜 토해내기 때문에 최극적정이라 한다. ⑧ 전주일취 : 가행도 있고 공용功用도 있어서 항상 방편을 생각하여 수순하고 관찰하면 부족함이 없고 간격이 없어 삼마지三摩地가 상속하기 때문에 오래 익혀 익숙하게 되면 그 마음이 머물게 된다. ⑨ 등지 : 자주 닦고 자주 익히어 많이 수습하기 때문에 가행도 없고 공용도 없게 되어, 떴다 가라앉았다함을 멀리 여의고 자연히 도에 들어간다. 등지의 마음이 진여상에 머물기 때문에 진여삼매에 들어가게 되는데, 진여삼매에 들면 번뇌를 깊이 조복하고 신심이 증장하여 속히 불퇴전의 경지를 이루게 된다.

・이제 사마타를 얻은 사람은 나아가 비발사나(위파사나)를 수습해야 하니, 여기에는 네 가지가 있다. ① 정사택正思擇 : 정행淨行(청정한 행위) ・ 선교善巧(부처님이 중생제도시 근기에 맞추어 선하고 공교하게 하는 행위) ・ 정계淨戒(청정한 계행)가 반연하는 경계에 대하여 진소유성盡所有性(후득지, 여량지의 대상이 됨)을 바르게 생각, 판단하는 것이다. ② 최극사택最極思擇 : 저, 정행, 선교, 정계 등이 반연하는 소연경계에 대하여 여소유성如所有性(무분별지, 여리지의 대상이 됨)을 가장 지극하게 사택하는 것이다. ③ 주변심사周徧尋思 : 소연경계에 대하여 혜慧와 함께 행함으로 말미암아 분별하는 작의作意를

갖게 되어 저 경계상을 취하여 빠짐없이 두루 심사하는 것이다. ④ 주변사찰周徧伺察 : 소연경계에 대하여 자세히 추구하여 빠짐없이 두루 사찰하는 것이다.

· 사마타를 수행한 결과 어떤 공능이 있는가?

지止를 수행하면 진여삼매에 의해 법계가 일상一相(하나의 모습)인 것을 아는 것이니, 이는 모든 부처 · 법신이 중생신과 더불어 평등하여 둘이 아님을 말한다. 이를 곧 일행삼매一行三昧(一相三昧라고도 한다. 우주의 온갖 物·心의 현상은 평등하고 한 모양인 줄 관하는 삼매)라 한다. 진여가 이 삼매의 근본임을 알아야 할 것이니 만일 사람이 수행한다면 점차 무량한 삼매를 낼 수 있다.[53]

해설
진여삼매에 의해 일행삼매 등 모든 삼매를 낼 수 있다.

혹 어떤 중생이 선근의 힘이 없다면 모든 마구니(天魔 · 파

---

53) 復次依如是三昧故, 則知法界一相. 謂一切諸佛法身與衆生身平等無二, 卽名一行三昧. 當知眞如是三昧根本. 若人修行, 漸漸能生無量三昧.

순을 말하며, 수행인을 방해한다)와 외도(불법을 요란시켜 邪道에 떨어지게 하는 것들), 귀신(鬼 : 퇴척귀는 좌선할 때 공부를 방해하는 귀신, 神 : 정미신인데 밤중 子時에 쥐 등의 정령이 변화하여 좌선하는 사람을 厭媚한다)들에 의하여 어지럽게 된다. 어떤 때는 좌중에서 두려워할 만한 형체를 나타내어 공포를 일으키게 하거나 또 어떤 때는 단정한 남녀의 모습을 나타내어 사랑할 만한 일을 짓거나 그 밖에 위違·순順이 아닌 평범한 오진五塵을 나타내어 수행인의 마음을 어지럽게 할 경우, 이것이 오직 자심의 분별로 지은 것이어서 자심 밖에 별다른 경계가 없는 줄 생각하게 할 것이다. 그렇게 되면 경계상이 곧 없어져 끝내 혼란스럽지 않을 것이다.54)

> **해설**
>
> ・퇴척귀란 혹 벌레나 전갈 같은 것이 사람의 머리나 얼굴에 기어올라 찔러서 저릿저릿하게 하며, 혹은 사람의 양쪽 겨드랑이 아래를 치기도 하며, 혹은 잠깐 사람을 안으며 혹은 말하는 소리가 시끌시끌하며, 그 밖에 여러 가지 모습이 다른 짐승의 모양을 지어서 수행

---

54) 或有衆生無善根力, 則爲諸魔外道鬼神之所惑亂. 若於坐中現形恐怖. 或現端正男女等相. 當念唯心, 境界則滅, 終不爲惱.

하는 이를 뇌란케 하는 것이다. 이때는 곧 눈을 감고 일심으로 생각하면서 다음과 같이 말해야 한다. "나는 이제 너를 아니 너는 이 염부제(남섬부주)에서 불을 먹고 향내를 맡는 투라길지 귀신이다. 네가 사견을 좋아하며 계행의 씨종을 깨뜨리나 나는 이제 계를 가져서 마침내 너를 두려워하지 않는다." 만약 출가한 사람이라면 계율을 외워야 할 것이고, 만약 재가의 사람이라면 『보살계본』을 외우거나 혹은 삼귀의와 오계 등을 외워야 할 것이다. 이런 것을 외우면 귀신이 물러나서 엉금엉금 기어나갈 것이다.

정미신이란 십이시十二時의 짐승이 변화하여 여러 가지 형색을 짓는 것을 말한다. 어떤 때는 젊은 남녀의 상을 지으며 어떤 때는 노숙老宿(오래 수행하여 도덕이 높은 스님)의 모습이나 두려워할 만한 몸을 짓는다. 이는 한 가지가 아닌 여러 형상으로 지어 수행자를 혼란스럽게 한다. 저것이 사람을 혼란케 하려면 각기 그때에 맞추어 오니 만약 흔히 인시에 오는 것이라면 반드시 호랑이나 들소일 것이고, 흔히 묘시에 오는 것이라면 토끼나 노루 등일 것이며, 흔히 축시에 오는 것이라면 반드시 소 종류일 것이다. 수행자가 항상 이런 때에 수행한다면 곧 그 짐승의 정미신(정령)을 알아서 그 이름을 말하여 꾸짖으면 곧 응당 물러나 없어질 것이다.

> ・지止를 닦는 가운데 앞서는 대략적으로 일어나는 마구니 일을 밝혔고, 여기서는 여러 가지 일어나는 마구니 일을 널리 풀이한다. 마구니 일을 풀이하는데 다섯 쌍의 열 가지 일을 밝혔다.

지를 닦을 때 천상天像과 보살상을 나타내거나 또한 상호가 구족한 여래상을 짓기도 하며 혹은 다라니(總持 : 짧은 문구에 무량무변한 뜻을 지니고 있음)를 설하며 혹은 보시・지계・인욕・정진・선정・지혜를 설하며, 혹은 평등함, 공空・무상無相・무원無願의 삼삼매三三昧, 원친怨親이 없고 인과가 없음, 필경 공적함 등이 참된 열반이라고 설한다.(제1쌍 : 형상을 나타내는 것과 설법하는 것) 혹은 사람들에게 숙명통宿命通(전세의 생애를 잘 아는 신통력)으로 과거의 일을 알게 하고 또한 미래의 일도 알게 하며, 타심지他心智(다른 이가 생각하는 것을 아는 지혜)를 얻게 하여, 변재辯才(변설의 재능)가 막힘이 없게 하여, 이러한 신통력 때문에 그들로 하여금 세간의 명예나 이익 되게 하는 일에 탐착하게 한다.(제2쌍 : 신통을 얻는 것과 변재를 일으키는 것) 또 사람들로 하여금 자주 성내고 자주 기뻐하게 하여 성품에 일정한 기준이 없게 하며, 혹은 자애가 많거나 잠이 많고 병이 많아서 그 마음이 게을러지게 하며, 혹은 갑자기 정진을 하다가 뒤에 곧 그만두어 불신하는 마음을 내어 의심이 많고 염려가 많게 하며, 혹은 본래의 뛰어난 행위를 버리고 다시 잡업雜業을 닦으며, 혹은 세속의 일에 집착하여 갖가지로 끄달리게 한다.(제3쌍 : 의혹을 일으키는 것과 업을 짓는 것) 또한 사람들에게 여러 삼매를 얻게 하여 진여삼매에 든 것과 약간 비슷하긴 하지만 모두 외도가 얻는 것으로 참다운 삼매는 아니다. 그리고 사람들에게 혹은 하루 혹은 이틀 혹은 사흘 내지 이레를 정중定中에 머물게 하여 절로 향미한 음식을 얻고 몸과 마음이 쾌적하여 배가 고프지도 않고 목이 마르지도 않게 하여 사람들을 그것에 애착하게 한다.(제4쌍 : 선을 얻는 것과 정에 드는 것) 혹은 사람들에게 먹는 것에 한계가 없게 하여 금방 많았다가 금방 적게 하며 안색을 변화시켜 다르게 만들기도 한다.(제5쌍 : 음식의 차이와 안색의 변화)[55]

---

55) 或現天像, 菩薩像. 亦作如來像, 相好具足. 若說陀羅尼. 若說布施持戒忍辱精進禪定智慧. 或說平等空無相無願無怨無親無因無果畢竟空寂是眞涅槃. 或令人知宿命過去之事. 亦知未來之事. 得他心智. 辯才無礙, 能令衆生貪著世間名利之事. 又令使人數瞋數喜, 性無常准. 或多慈愛, 多睡多病, 其心懈怠. 或卒起精進, 後便休廢. 生於不信, 多疑多慮. 或捨本勝行, 更修雜業. 若著世事種種牽纏. 亦能使人得諸三昧少分相似. 皆是外道所得, 非眞三昧. 或復令人若一日若二日若三日乃至七日住於定中, 得自然香美飮食, 身心適悅, 不飢不渴, 使人愛著. 或亦令人食無分齊, 乍多乍少, 顏色變異.

> ■해설■
> 이 아래는 지를 닦는 수행인에게 행하는 마구니의 짓
> 을 대치함을 말한다.

이러하기 때문에 수행하는 이는 언제나 응당 지혜로써 관찰하여 마음을 삿된 그물에 떨어지지 않게 하고 마땅히 부지런히 정념을 닦아 집착하지 아니하면, 이러한 모든 업장을 멀리 여읠 수 있을 것이다.[56]

> ■해설■
> ・사邪・정正의 나눔은 집착하는 것과 집착하지 않는 것에 있다. 만약 집착하면 정正을 버리고 사邪를 이루며, 만약 집착하지 않으면 사에 의하여 정을 나타낸다.
> ・이 아래는 참과 거짓을 간별한다.

외도가 가지는 삼매는 모두가 견見・애愛・아만我慢의 마음을 여의지 못한 것임을 알아야 한다. 그들의 삼매는 세간의

---

[56] 以是義故. 行者常應智慧觀察, 勿令此心墮於邪網. 當勤正念, 不取不著, 則能遠離是諸業障.

명리와 공경에 탐착하기 때문이다. 진여삼매란 자기의 견(見)에 집착하지 않기에 차별로 보는 상에 머물지 않고, 바깥 경계에 집착하지 않기에 세간의 명리 등 얻은 상에도 머물지 아니하며, 이리하여 정定에서 벗어난 때에도 게으리 함이 없어서 가지고 있는 번뇌가 점점 엷어지는 것이다. 만약 모든 범부가 이 진여삼매법을 익히지 않으면 여래종성(곧 불성)에 들어간다는 것은 있을 수 없다. 부정관, 수식관 등 세간의 모든 선과 삼매를 닦으면 흔히 거기에 맛 들여 아견我見에 의해 삼계에 얽매여 외도와 더불어 함께하게 되니, 만약 선지식의 보호하는 바가 없다면 곧 외도의 견을 일으키게 될 것이다.[57]

> ■ 해설 ■
> 보살상 등의 경계를 보는 것은 혹은 숙세의 선근에 의해 일어나기도 하기 때문에 그 사와 정을 간별하기가 쉽지 않다. 사정邪定와 정정淨定을 신중하게 구별하는 데는 대략 세 가지 방법으로 시험해볼 수 있다. 첫째

---

[57] 應知外道所有三昧, 皆不離見愛我慢之心. 貪著世間名利恭敬故. 眞如三昧者, 不住見相, 不住得相, 乃至出定, 亦無懈慢. 所有煩惱, 漸漸微薄. 若諸凡夫不習此三昧法, 得入如來種性, 無有是處. 以修世間諸禪三昧, 多起味著, 依於我見, 繫屬三界, 與外道共. 若離善知識所護, 則起外道見故.

는 정定으로 연마하는 것이다. 만약 정 중에 경계상이 일어났는데 사와 정을 알기 어려우면, 깊이 정심에 들어가 저 경계상 가운데서 이를 취하지도 않고 버리지도 아니하며 다만 평등히 정에 머물러야 한다. 이것이 만약 선근에서 나온 것이라면 정의 힘이 더욱 깊어져서 선근이 더욱 일어날 것이나, 마구니의 짓이라면 오래지 않아 그 경계가 절로 무너질 것이다. 두 번째는 본래 닦던 것으로 다스리는 것이다. 본래 부정관不淨觀을 닦고 있었다면 계속 본래대로 부정관을 닦는 것이니 만약 닦아서 경계가 더욱 밝아진다면 이는 정正이다. 만약 본래 닦던 것으로 다스렸는데 점점 경계가 없어진다면 이는 거짓된 것이다. 세 번째는 지혜로 관찰하는 것이다. 나타난 상을 관찰하여 근원을 추구해 보면 나는 곳(生處)을 보지 못하나 공적함을 깊이 알아서 마음이 그에 머물러 집착하지 않으면, 거짓된 것은 응당 스스로 없어질 것이고 바른 것은 응당 스스로 나타날 것이다.

만약 마구니가 내 마음에 정定을 얻게 한다면 그 정의 사邪와 정正을 어떻게 간별하는가? 우선 정정상正定相을 대략 분별해 보자. 앞서의 아홉 가지 심주문心住門에 의해 차례대로 닦아서 아홉 번째에 이르면 사지와 몸체가 움찔움찔 움직임을 느낄 것이다. 이렇게 막 움직일 때에 곧 그 몸이 구름과 같고 그림자와 같아서 있는 듯도 하고 없는 듯도 함을 느끼되 혹은 위로부터 나오고 혹은 아래로부터 나오며 혹은 옆구리로부터 나와 미미하게 몸에 두루한다. 이처럼 동촉動觸이 일어날 때는 공덕이 한량없으니 대략 말해 보자면 여기에는 열 가지 상이 있다. 첫째는 정정靜定(고요한 선정)이요, 둘째는 공허요, 셋째는 광정光淨이요, 넷째는 희열이요, 다섯째는 의락猗樂(잔잔한 즐거움)이요, 여섯째는 선한 마음이 일어나는 것이요, 일곱째는 지견이 명료한 것이요, 여덟째는 모든 얽매임이 없는 것이요, 아홉째는 그 마음이 고르고 부드러운 것이요, 열 번째는 경계가 앞에 나타나는 것이다. 이러한 열 가지 법이 움직임과 더불어 나타난다. 이 동촉이 지난 후 다시 여촉餘觸이 나타난다. 여촉에는 대략 여덟 가지가 있다. 첫째는 움직임, 둘째는 가려움, 셋째는 서늘함, 넷째는 따뜻함, 다섯째는 가벼움, 여섯째는 무거움, 일곱째는 껄끄러움, 여덟째는 매끄러움이다. 그러나 이 8촉은 반드시 함께 일어나는 게 아니라 어떤 때는 다만 두세 촉만 일어나는 경우도 있다. 일어날 때에도 또한 일정한 차례가 없지만 흔히 동촉 다음에 일으킨다.

다음에는 사정상邪定相을 분별하겠다. 사정상에는 대략 열상이 있다. 첫째는 증감增減, 둘째는 정란定亂, 셋째는 공유空有, 넷째는 명암明闇, 다섯째는 우희憂喜, 여섯째는 고락苦樂, 일곱째는 선악善惡, 여덟째는 우지愚智, 아홉째는 탈박脫縛, 열 번째는 강유强柔이다. 첫째, 증감增減이란 동촉이 일어날 때 혹 몸이 움직이고 손이 들려지며 다리도 따라서 움직이지만 바깥사람은 그가 가만히 있어 마치 잠자는 것처럼 느끼는 것을 말한다. 때로는 귀신이 붙은 것처럼 몸과 손과 발이 어지럽게 움직이는 것은 증상增相이다. 만약 그 동촉이 일어날 때 올라가기도 하고 내려가기도 하다가 몸에 미쳐 두루하기 전에 곧 없어져 이로 인하여 경계의 상을 모두 잃으며, 앉았을 때 맥이 없어 몸을 지탱할 수가 없으니 이는 감상減相이다. 둘째, 정란定亂이란 동촉이 일어날 때 심식과 몸이 정定에 얽매여 자재하지 못하며, 때로는 다시 이로 인하여 곧 사정에 들어가서 칠 일에까지 이르니 이는 정의 허물이요, 만약 동촉이 일어날 때 마음이 어지럽게 일어나 나머지 다른 경계를 반연한다면 이는 난의 허물임을 말한다. 셋째, 공유空有란 동촉이 일어날 때 도무지 몸을 보지 못하여 공정空定을 증득했다고 여기면 이는 공의 허물이요, 만약 동촉이 일어날 때 몸의 견실함이 마치 목석과 같음을 느낀다면 이는 유의 허물임을 말한다. 넷째, 명암明闇이란 동촉이 일어날 때 바깥의 여러 가지 빛깔과 일

월성신을 보면 이는 명의 허물이요, 만약 동촉이 일어날 때 몸과 마음이 암매함이 마치 어두운 방에 들어간 것과 같다면 이는 암의 허물임을 말한다. 다섯째, 우희憂喜란 동촉이 일어날 때 그 마음이 몹시 번뇌하여 시달려서 기뻐하지 아니하면 이는 우의 과실이요, 만약 동촉이 일어날 때 마음이 뛸 듯이 크게 기뻐서 스스로 안정할 수 없다면 이는 희의 과실임을 말한다. 여섯째, 고락苦樂이란 동촉이 일어날 때 몸의 사지가 곳곳마다 몹시 괴로움을 느끼면 이는 고의 과실이요, 만약 동촉이 일어날 때 크게 쾌락됨을 알아서 탐착하고 얽매인다면 이는 낙의 과실임을 말한다. 일곱째, 선악善惡이란 동촉이 일어날 때 밖의 산란한 마음으로 짓는 선을 생각하여 삼매를 파괴하면 이는 선의 허물이요, 만약 동촉이 일어날 때 부끄러워함이 없는 등의 여러 악한 마음이 일어나면 이는 악의 허물임을 말한다. 여덟째, 우지愚智란 동촉이 일어날 때 심식이 미혹하여 아는 바가 없으면 이는 우의 허물이요, 만약 동촉이 일어날 때 지견이 밝고 예리하여 마음에 거짓된 깨달음을 낸다면 이는 지의 허물임을 말한다. 아홉째, 박탈縛脫이란 다섯 가지 번뇌五蓋(탐욕개 · 진에개 · 수면개 · 도회개 · 疑法)와 그 이외의 모든 번뇌가 심식을 덮어 장애하면 이는 박의 허물이요, 만약 공을 증득하여

> 과를 얻었다고 여겨서 증상만을 낸다면 이는 탈의 허물임을 말한다. 열 번째 강유強柔란 동촉이 일어날 때 그 몸의 억세고 강함이 마치 와석과 같아서 회전하기 어려우면 이는 강의 과실이요, 만약 동촉이 일어날 때 심지가 연약하여 무너지기 쉬운 것이 마치 진흙이 부드럽고 젖어 있어 그릇을 제대로 만들 수 없는 것과 같다면 이는 유의 과실임을 말한다.

또한 부지런히 힘써서 오로지 한마음으로 이 진여삼매를 닦는 이는 현세에서 마땅히 열 가지 이익을 얻을 것이다. 첫째는 항상 시방의 모든 부처와 보살에게 수호와 염려를 받는 것이요, 둘째는 모든 마구니와 악귀에 의해 두려움을 받지 않는 것이요, 셋째는 아흔 다섯 가지 외도外道와 귀신에 의해 유혹을 받아 어지럽힘을 당하는 일이 없는 것이요, 넷째는 깊고 미묘한 불법을 비방함에서 멀리 떠나 중죄의 업장(三乘法을 비방하고 佛法을 가벼이 여기는 등 五逆罪를 짓는 데서 正道를 방해하는 장애)이 점점 엷어지는 것이요, 다섯째는 일체의 의심과 모든 나쁜 관찰사고를 없애는 것이요, 여섯째는 여래의 경계에 대한 믿음이 증장되는 것이요, 일곱째는 근심과 후회를 멀리 여의어 생사 중에 용맹하여 겁내지 않는 것이요, 여덟째는 그 마음이 부드럽고 온화하여 교만을 버려서 다른 사람에게서 괴롭힘을 받지 않는 것이요, 아홉째는 비록 정定(진여삼매)을 확실히 얻지 못하더라도 모든 때, 모든 경계처에 대해 번뇌를 줄여서 세간을 즐기지 않는 것이요, 열째는 만일 삼매를 얻으면 외연外緣의 모든 음성에 의해 놀라지 않게 되는 것이다.58)

> **해설**
>
> 지止를 밝힘을 마치고 이 아래는 관觀을 밝힌다,

만약 어떤 사람이 오직 지止만을 닦으면 곧 마음이 가라앉거나 혹은 게으름을 일으켜 여러 선을 즐기지 않고 대비를 멀리 여의게 되므로 이에 관을 닦아야 한다. 관을 닦는 데는 네 가지 방법이 있다. 첫째는 법상관法相觀이니 무상無常, 고苦, 유전流轉, 부정不淨의 뜻을 아는 것이다. 관을 닦아 익히는 이

---

58) 復次精勤專心修學此三昧者, 現世當得十種利益. 云何爲十. 一者常爲十方諸佛菩薩之所護念. 二者不爲諸魔惡鬼所能恐怖. 三者不爲九十五種外道鬼神之所惑亂. 四者遠離誹謗甚深之法, 重罪業障漸漸微薄. 五者滅一切疑諸惡覺觀. 六者於如來境界信得增長. 七者遠離憂悔, 於生死中勇猛不怯. 八者其心柔和, 捨於憍慢, 不爲他人所惱. 九者雖未得定, 於一切時一切境界處, 則能減損煩惱, 不樂世間. 十者若得三昧, 不爲外緣一切音聲之所驚動.

는 마땅히 모든 세간의 유위법有爲法(인연으로 조작되는 모든 현상, 이에는 반드시 生住異滅의 형태가 있다)이 오래 머무르지 않고 잠깐 동안 변하여 없어지며, 모든 마음의 작용이 생각생각마다 생멸하기 때문에(無常) 이것이 고苦인 줄 알아야 한다(苦). 과거에 생각한 모든 법이 어슴푸레하여 꿈과 같은 줄 알아야 하며, 현재 생각하는 모든 법이 번개와 같음을 알아야 하며, 미래에 생각할 모든 법이 마치 구름과 같아서 갑자기 일어나는 것임을 알아야 한다(流轉). 또한 세간의 모든 몸뚱이가 모두 다 깨끗하지 못하고 갖가지로 더러워서 하나도 즐거워할 만한 것이 없음을 알아야 한다(不淨). 둘째는 대비관大悲觀이다. 이처럼 모든 중생이 무시의 때로부터 모두 무명의 훈습한 바에 영향받기 때문에 마음을 생멸케 하여 이미 모든 신심身心의 큰 고통을 받았으며, 현재에도 곧 한량없는 핍박이 있고 미래에 받을 고통도 한계가 없어서 버리고 여의기가 어렵건마는 이를 깨닫지 못하니 중생이 이처럼 매우 가련한 존재임을 늘 생각해야 한다. 셋째는 서원관誓願觀이다. 이러한 생각을 하고 곧 용맹스럽게 다음과 같이 대서원을 세워야 할 것이다. 즉 원컨대 내 마음으로 하여금 분별을 떠나게 함으로써 시방에 두루하여 모든 선한 공덕을 수행케 하며, 미래가 다하도록 한량없는 방편으로 모든 고뇌하는 중생을 구원하여 그들이 열반의 제일의락第一義樂을 얻도록 바라는 것이다. 넷째는 정진관精進觀이다. 이러한 원願을 일으키기 때문에 모든 때, 모든 곳에 있는 여러 선善을 자기의 능력에 따라 버리지 않고 수학하여 마음에 게을리 함이 없어야 한다. 오로지 앉았을 때에 지止에 전념하는 것 이외에는 그 나머지 모든 것에 대해 행해야 할 것과 행하지 말아야 할 것을 다 관찰해야 할 것이다.[59]

> **해설**
>
> · 제일의락 : 열반의 깊고 묘한 즐거움, 열반은 모든 법 가운데 제일의이며 또 그 즐거움은 무상의 가장 첫째가는 것이므로 제일의락이라는 것이다.
>
> · 다음은 지관을 합해서 닦는 것을 말한다.

---

[59] 復次若人唯修於止, 則心沈沒. 或起懈怠, 不樂衆善, 遠離大悲. 是故修觀. 修習觀者. 當觀一切世間有爲之法, 無得久停, 須臾變壞, 一切心行, 念念生滅, 以是故苦. 應觀過去所念諸法, 恍惚如夢. 應觀現在所念諸法, 猶如電光. 應觀未來所念諸法, 猶如於雲忽爾而起. 應觀世間一切有身, 悉皆不淨, 種種穢污, 無一可樂. 如是當念一切衆生, 從無始世來, 皆因無明所熏習故, 令心生滅, 已受一切身心大苦. 現在卽有無量逼迫. 未來所苦亦無分齊. 難捨難離, 而不覺知. 衆生如是, 甚爲可愍. 作此思惟, 卽應勇猛立大誓願, 願令我心離分別故, 遍於十方修行一切諸善功德. 盡其未來, 以無量方便救拔一切苦惱衆生, 令得涅槃第一義樂. 以起如是願故, 於一切時一切處, 所有衆善, 隨已堪能, 不捨修學, 心無懈怠. 唯除坐時專念於止. 若餘一切, 悉當觀察應作不應作.

행하거나 머물거나 눕거나 일어나거나 어느 때든지 모두 지관을 함께 행해야 하는데 이 수행에는 두 가지가 있다. 첫째, 이치에 따라 지관을 함께 수행하는 것이다. 즉 모든 법의 자성이 생겨나지 않음을 생각하나(이는 非有門에 의해 止行을 닦는 것) 아울러 인연으로 화합한 선악의 업과 고락 등의 과보가 빠뜨려지지도 않고 무너지지도 않음을 생각하는 것이다(이는 非無門에 의해 觀行을 닦는 것). 이는 실제를 움직이지 않은 채 모든 법을 건립하는 것이므로 지행을 버리지 않고 관행을 닦는다. 한편 비록 인연의 선악 업보를 생각하나 또한 곧 본성은 얻을 수 없음을 생각하니 이는 가명假名을 파괴하지 않은 채로 실상을 따르는 것이므로 관행을 깨뜨리지 않고 지문止門에 들어가는 것이다.

　둘째, 장애에 대하여 지관을 함께 수행하는 것이다. 만약 지를 닦는다면 두 가지 허물을 여의게 된다. 첫째는 바로 범부가 세간에 주착하는 고집을 제거하여 그가 집착한 인법상人法相(아집과 법집)을 없애는 것이요, 둘째는 이승이 오음五陰이 있다고 보아 그 고통을 두려워하는 겁약한 소견을 내므로 이를 다스리는 것이다. 만약 관을 닦는다면 또한 두 가지 허물을 여의게 된다. 첫째, 이승의 경우 널리 중생을 살피는 대비를 일으키지 않으므로 이러한 협열심狹劣心의 허물을 대치한다.

둘째, 범부의 경우 무상을 보지 아니하여 분발해서 선근을 닦아 도에 나아감을 게을리 하기 때문에 이런 허물을 다스린다.

이리하여 지·관 이문은 함께 서로 도와 이루어지므로 서로 떨어질 수 없는 것이다. 그러므로 먼저 이치의 편벽됨(止·觀을 각각 따로 다스리는 것)이 없음을 따라 반드시 지·관을 함께 행해야 하며, 다음은 지·관 각각의 두 가지 장애를 아울러 대치하여 반드시 쌍으로 없애야 한다. 지와 관의 두 가지 수행이 원래부터 반드시 같이 이루어져야 함은 새의 양 날개와 같고 수레의 두 바퀴와 같다. 두 바퀴가 갖추어지지 않으면 실어 나르는 공능이 없을 것이고 두 개의 날개 가운데 하나라도 없다면 허공을 날 수 없게 되는 것처럼, 지와 관이 갖추어지지 않으면 곧 보리菩提에 들어갈 수 있는 방도는 없다.60)

> ▌해설▐
> 다음은 수행자의 물러남이 없는 방편을 밝힌다.

---

60) 若行若住, 若臥若起. 皆應止觀俱行. 所謂雖念諸法自性不生, 而復卽念因緣和合, 善惡之業, 苦樂等報, 不失不壞. 雖念因緣善惡業報, 而亦卽念性不可得. 若修止者, 對治凡夫住著世間, 能捨二乘怯弱之見. 若修觀者, 對治二乘不起大悲狹劣心過, 遠離凡夫不修善根. 以此義故, 是止觀二門共相助成, 不相捨離. 若止觀不具, 則無能入菩提之道.

또한 중생이 처음 이 법을 배워서 바른 믿음을 배우고자 하나 그 마음이 겁약하여 사바세계에 머물면서 항상 모든 여러 부처를 만나 친히 받들어 공양하지 못할까 두려워한다. 그가 걱정하면서 말하기를 "신심信心은 성취하기가 어렵다"라고 하니, 이처럼 뜻이 퇴전하려고 하는 이는 여래가 뛰어난 방편으로 신심을 거두어 보호함을 알아야 한다. 즉 뜻을 오로지하여 부처를 생각한 인연으로 원願에 따라 저 세계의 불토佛土(여기서는 아미타불의 세계인 극락정토를 말한다)에 나게 되어 항상 부처를 친히 보아서 영원히 악도惡道를 여의는 것이다. 이는 경에서 "만일 어떤 사람이 오로지 서방 극락세계의 아미타불을 생각하여 그가 닦은 선근으로 회향하여 저 세계에 나기를 원구願求하면, 곧 그곳에 가서 나게 되며 늘 부처를 친히 보기 때문에 끝내 퇴전함이 없을 것이다"라고 한 것과 같다.

만약 십주十住 이상의 보살이 부처의 진여법신을 조금이나마 보게 되고 또 초지初地 이상의 보살이 진여법신을 분명하게 보게 되어, 항상 부지런히 닦으면 결국에는 극락세계에 가서 나게 되어 정정正定에 머물게 된다.[61]

---

61) 復次衆生初學是法, 欲求正信, 其心怯弱. 以住於此娑婆世界, 自畏不能常値諸佛, 親承供養. 懼謂信心難可成就, 意欲退者. 當知如來有勝方便, 攝護信心. 謂以專意念佛因緣, 隨願得生他方佛土, 常見於佛, 永

> **해설**
>
> 정정에는 세 가지가 있다. 첫째는 견도見道 이상을 정정이라 하는데, 무루도無漏道에 의해 정정을 이룬다. 둘째는 십주十住 이상을 정정이라 하는데, 불퇴위不退位에 머무는 것을 정정이라 한다. 셋째는 구품九品 왕생을 정정이라 한다.

離惡道. 如修多羅說, 若人專念西方極樂世界阿彌陀佛, 所修善根迴向願求生彼世界, 卽得往生. 常見佛故, 終無有退. 若觀彼佛眞如法身, 常勤修習, 畢竟得生住正定故.

V. 권수이익분

이미 수행신심분을 말하였으니 다음은 권수이익분勸修利益分을 말하겠다.

여지까지 대승의 모든 부처가 간직한 비밀스러운 법을 내(저자 馬鳴)가 이미 모두 말하였다. 만일 어떤 중생이 여래의 매우 깊은 경계에 대하여 바른 믿음을 내어 비방을 멀리 여의고 대승의 도에 들고자 한다면, 마땅히 이 논論을 가지고 깊이 생각하고 닦아 익혀 드디어는 무상도에 이를 수 있을 것이다. 만약 사람이 그 법을 듣고 나서 겁약한 마음을 내지 않으면 이 사람은 틀림없이 부처의 종자를 이어서 반드시 모든 부처에게 수기授記를 받게 될 것이다.[62]

---

62) 已說修行信心分. 次說勸修利益分. 如是摩訶衍諸佛祕藏, 我已總說. 若有衆生欲於如來甚深境界得生正信, 遠離誹謗, 入大乘道. 當持此論, 思量修習, 究竟能至無上之道. 若人聞是法已, 不生怯弱. 當知此人定紹佛種. 必爲諸佛之所授記.

> **해설**
>
> 수기 : 부처님이 보살·이승들에게 다음 세상에 성불하리라는 것을 낱낱이 예언한 것이다.

    가령 어떤 사람이 삼천대천세계에 가득한 중생을 교화하여 열 가지 선행十善을 행하게 한다 하더라도 어떤 사람이 한 번 식사하는 시간에 바로 이 법을 생각하는 것만 같지 못하니, 이는 뒤의 공덕이 앞의 공덕보다 비교할 수 없을 정도로 훨씬 우월하기 때문이다. 또한 만일 어떤 사람이 이 『기신론』을 받아 가져서 관찰하고 수행하기를 하루 낮 하루 밤 동안 한다면 그가 가지게 되는 공덕은 한량없고 가이없어서 이루 다 말할 수 없을 것이다. 가령 시방의 모든 부처가 각기 무량 무변한 아승기겁 동안에 그의 공덕을 찬탄하더라도 다할 수가 없다. 이는 법성의 공덕이 다함이 없으며 그 사람의 공덕도 이와 같아서 한계가 없음을 말한 것이다.63)

---

63) 假使有人能化三千大千世界滿中衆生令行十善. 不如有人於一食頃正思此法. 過前功德不可爲喩. 復次若人受持此論, 觀察修行, 若一日一夜, 所有功德, 無量無邊, 不可得說. 假令十方一切諸佛, 各於無量無邊阿僧祇劫, 歎其功德亦不能盡. 何以故. 謂法性功德無有盡故, 此人功德亦復如是無有邊際.

> **해설**
>
> • 십선 : 몸, 입, 뜻으로 십악十惡을 범치 않는 금제禁制 법도法度이다. 즉 산 목숨 죽이지 않기, 도적질 하지 않기, 삿된 음행 하지 않기, 거짓말 하지 않기, 두 가지 말 하지 않기, 욕설 하지 않기, 쓸데없는 말 하지 않기, 탐욕 부리지 않기, 성내지 않기, 삿된 견해 가지지 않기이다.
>
> • 삼천대천세계 : 중천세계를 천 개 합한 것이다. 수미산을 중심으로 주위에 둘러 있는 칠산七山, 팔해八海, 사주四洲를 일세계一世界, 그 천 개를 일소천세계一小千世界라 하며, 소천세계를 천 개 합한 것이 일중천세계一中千世界이다.

어떤 중생이 이 『기신론』에 대하여 비방하고 믿지 않는다면 그가 받는 죄의 과보로 인해 무량겁을 지나도록 큰 고통을 받을 것이다. 그러므로 중생은 이 논論을 다만 우러러 믿어야 할 뿐 비방해서는 안 된다. 그렇지 않으면 깊이 스스로를 해치고 또한 다른 사람까지 해쳐서 모든 삼보三寶의 종자를 단절하기 때문이다. 그리고 모든 여래가 다 이 『기신론』의 법으로써 열반을 얻었기 때문이며, 모든 보살이 이 『기신론』의 법으로써 수행하여 불지佛智에 들어가기 때문이다.

과거의 보살도 이미 이 법에 의해 깨끗한 믿음(淨信)을 이루었고, 현재의 보살도 이제 이 법에 의해 깨끗한 믿음을 이루며, 미래의 보살도 마땅히 이 법에 의해 깨끗한 믿음을 이루게 됨을 알아야 한다. 그러므로 중생은 부지런히 배우고 닦아야 한다.64)

---

64) 其有衆生於此論中毁謗不信, 所獲罪報, 經無量劫受大苦惱. 是故衆生但應仰信, 不應誹謗. 以深自害, 亦害他人. 斷絶一切三寶之種. 以一切如來皆依此法得涅槃故. 一切菩薩因之修行入佛智故. 當知過去菩薩已依此法得成淨信. 現在菩薩今依此法得成淨信. 未來菩薩當依此法得成淨信. 是故衆生應勤修學.

【회향송】

모든 부처의 매우 깊고 광대한 뜻을
내 이제 분分*에 따라 요약하여 말하였으니
법성과 같은 이 공덕을 회향하여
널리 일체의 중생계를 이롭게 하여지이다.[65]

*인연분, 입의분, 해석분, 수행심신분, 권수이익분의 五分

---

65) 諸佛甚深廣大義, 我今隨分總持說 / 迴此功德如法性, 普利一切衆生界.

저자 소개

은정희 殷貞姬

고려대학교 법학과를 졸업하고 같은 대학교 철학과 대학원에서 석사·박사 학위를 취득하였다. 민족문화추진회 상임연구원과 서울교육대학교 윤리교육과 교수를 역임하였다. 역서로는 『연산군일기』, 『중종실록』, 『서애집』, 『미수기언』(공역)이 있으며, 『원효의 대승기신론소·별기』, 『원효의 금강삼매경론』, 『이장의』 등이 있다. 논문으로는 「원효의 삼세·아라야식설의 창안」, 「원효의 본체·현상 不二觀」 등 다수가 있으며, 저서로는 『원효의 사상과 그 현대적 의미』(공저), 『한국의 사상가 10人―원효』(공저)가 있다.

예문서원의 책들

원전총서

박세당의 노자(新註道德經) 박세당 지음, 김학목 옮김, 312쪽, 13,000원
율곡 이이의 노자(醇言) 이이 지음, 김학목 옮김, 152쪽, 8,000원
홍석주의 노자(訂老) 홍석주 지음, 김학목 옮김, 320쪽, 14,000원
북계자의(北溪字義) 陳淳 지음, 김충열 감수, 김영민 옮김, 295쪽, 12,000원
주자가례(朱子家禮) 朱熹 지음, 임민혁 옮김, 496쪽, 20,000원
서경잡기(西京雜記) 劉歆 지음, 葛洪 엮음, 김장환 옮김, 416쪽, 18,000원
고사전(高士傳) 皇甫謐 지음, 김장환 옮김, 368쪽, 16,000원
열선전(列仙傳) 劉向 지음, 김장환 옮김, 392쪽, 15,000원
열녀전(列女傳) 劉向 지음, 이숙인 옮김, 447쪽, 16,000원
선가귀감(禪家龜鑑) 청허휴정 지음, 박재양·배규범 옮김, 584쪽, 23,000원
공자성적도(孔子聖蹟圖) 김기주·황지원·이기훈 역주, 254쪽, 10,000원
공자세가·중니제자열전(孔子世家·仲尼弟子列傳) 司馬遷 지음, 김기주·황지원·이기훈 역주, 224쪽, 12,000원
천지서상지(天地瑞祥志) 김용천·최현화 역주, 384쪽, 20,000원

성리총서

범주로 보는 주자학(朱子の哲學) 오하마 아키라 지음, 이형성 옮김, 546쪽, 17,000원
송명성리학(宋明理學) 陳來 지음, 안재호 옮김, 590쪽, 17,000원
주희의 철학(朱熹哲學硏究) 陳來 지음, 이종란 외 옮김, 544쪽, 22,000원
양명 철학(有無之境-王陽明哲學的精神) 陳來 지음, 전병욱 옮김, 752쪽, 30,000원
주자와 기 그리고 몸(朱子と氣と身體) 미우라 구니오 지음, 이승연 옮김, 416쪽, 20,000원
정명도의 철학(程明道思想硏究) 張德麟 지음, 박상리·이경남·정성희 옮김, 272쪽, 15,000원
주희의 자연철학 김영식 지음, 576쪽, 29,000원
송명유학사상사(宋明時代儒學思想の硏究) 구스모토 마사쓰구(楠本正繼) 지음, 김병화·이혜경 옮김, 602쪽, 30,000원
북송도학사(道學の形成) 쓰치다 겐지로(土田健次郞) 지음, 성현창 옮김, 640쪽, 3,2000원

불교(카르마)총서

파란눈 스님의 한국 선 수행기 Robert E. Buswell Jr. 지음, 김종명 옮김, 376쪽, 10,000원
학파로 보는 인도 사상 S. C. Chatterjee·D. M. Datta 지음, 김형준 옮김, 424쪽, 13,000원
불교와 유교 ― 성리학, 유교의 옷을 입은 불교 아라키 겐고 지음, 심경호 옮김, 526쪽, 18,000원
유식무경, 유식 불교에서의 인식과 존재 한자경 지음, 208쪽, 7,000원
박성배 교수의 불교철학강의: 깨침과 깨달음 박성배 지음, 윤원철 옮김, 313쪽, 9,800원
불교 철학의 전개, 인도에서 한국까지 한자경 지음, 252쪽, 9,000원
인물로 보는 한국의 불교사상 한국불교원전연구회 지음, 388쪽, 20,000원
한국 비구니의 수행과 삶 전국비구니회 엮음, 400쪽, 18,000원

노장총서

도가를 찾아가는 과학자들 ― 현대신도가의 사상과 세계(當代新道家) 董光璧 지음, 이석명 옮김, 184쪽, 5,800원
유학자들이 보는 노장 철학 조민환 지음, 407쪽, 12,000원
노자에서 데리다까지 ― 도가 철학과 서양 철학의 만남 한국도가철학회 엮음, 440쪽, 15,000원
이강수 교수의 노장철학이해 이강수 지음, 462쪽, 23,000원
不二 사상으로 읽는 노자 ― 서양철학자의 노자 읽기 이찬훈 지음, 304쪽, 12,000원
김항배 교수의 노자철학 이해 김항배 지음, 280쪽, 15,000원

강의총서

김충열교수의 노장철학강의 김충열 지음, 336쪽, 7,800원
김충열교수의 노자강의 김충열 지음, 434쪽, 20,000원
김충열교수의 중용대학강의 김충열 지음, 448쪽, 23,000원

퇴계원전총서

고경중마방古鏡重磨方 — 퇴계 선생의 마음공부 이황 편저, 박상주 역해, 204쪽, 12,000원
활인심방活人心方 — 퇴계 선생의 마음으로 하는 몸공부 이황 편저, 이윤회 역해, 308쪽, 16,000원

한국철학총서

조선 유학의 학파들 한국사상사연구회 편저, 688쪽, 24,000원
실학의 철학 한국사상사연구회 편저, 576쪽, 17,000원
윤사순 교수의 한국유학사상론 윤사순 지음, 528쪽, 15,000원
한국유학사 1 김충열 지음, 372쪽, 15,000원
퇴계의 생애와 학문 이상은 지음, 248쪽, 7,800원
율곡학의 선구와 후예 황의동 지음, 480쪽, 16,000원
圖說로 보는 한국 유학 한국사상사연구회 지음, 400쪽, 14,000원
다카하시 도루의 조선유학사 — 일제 황국사관의 빛과 그림자 다카하시 도루 지음, 이형성 편역, 416쪽, 15,000원
퇴계 이황, 예 잇고 뒤를 열어 고금을 꿰뚫으셨소 — 어느 서양철학자의 퇴계연구 30년 신귀현 지음, 328쪽, 12,000원
조선유학의 개념들 한국사상사연구회 지음, 648쪽, 26,000원
성리학자 기대승, 프로이트를 만나다 김용신 지음, 188쪽, 7,000원
유교개혁사상과 이병헌 금장태 지음, 336쪽, 17,000원
남명학파와 영남우도의 사림 박병련 외 지음, 464쪽, 23,000원
쉽게 읽는 퇴계의 성학십도 최제목 지음, 152쪽, 7,000원
홍대용의 실학과 18세기 북학사상 김문용 지음, 288쪽, 12,000원
남명 조식의 학문과 선비정신 김충열 지음, 512쪽, 26,000원
명재 윤증의 학문연원과 가학 충남대학교 유학연구소 편, 320쪽, 17,000원
조선유학의 주역사상 금장태 지음, 320쪽, 16,000원
율곡학과 한국유학 충남대학교 유학연구소 편, 464쪽, 23,000원
한국유학의 악론 금장태 지음, 240쪽, 13,000원

연구총서

논쟁으로 보는 중국철학 중국철학연구회 지음, 352쪽, 8,000원
김충열 교수의 중국철학사 1 — 중국철학의 원류 김충열 지음, 360쪽, 9,000원
논쟁으로 보는 한국철학 한국철학사상연구회 지음, 326쪽, 10,000원
반논어(論語新探) 趙紀彬 지음, 조남호·신정근 옮김, 768쪽, 25,000원
논쟁으로 보는 불교철학 이효걸·김형준 외 지음, 320쪽, 10,000원
중국철학과 인식의 문제(中國古代哲學問題發展史) 方立天 지음, 이기훈 옮김, 208쪽, 6,000원
문제로 보는 중국철학 — 우주, 본체의 문제(中國古代哲學問題發展史) 方立天 지음, 이기훈·황지원 옮김, 232쪽, 6,800원
중국철학과 인성의 문제(中國古代哲學問題發展史) 方立天 지음, 박경환 옮김, 191쪽, 6,800원
중국철학과 지행의 문제(中國古代哲學問題發展史) 方立天 지음, 김학재 옮김, 208쪽, 7,200원
현대의 위기 동양 철학의 모색 중국철학회 지음, 340쪽, 10,000원
역사 속의 중국철학 중국철학회 지음, 448쪽, 15,000원
일곱 주제로 만나는 동서비교철학(中西哲學比較面面觀) 陳衛平 편저, 고재욱·김철운·유성선 옮김, 320쪽, 11,000원
중국철학의 이단자들 중국철학회 지음, 240쪽, 8,200원
공자의 철학(孔孟荀哲學) 蔡仁厚 지음, 천병돈 옮김, 240쪽, 8,500원
맹자의 철학(孔孟荀哲學) 蔡仁厚 지음, 천병돈 옮김, 224쪽, 8,000원
순자의 철학(孔孟荀哲學) 蔡仁厚 지음, 천병돈 옮김, 272쪽, 10,000원

서양문학에 비친 동양의 사상 한림대학교 인문학연구소 엮음, 360쪽, 12,000원
유학은 어떻게 현실과 만났는가 — 선진 유학과 한대 경학 박원재 지음, 218쪽, 7,500원
유교와 현대의 대화 황의동 지음, 236쪽, 7,500원
동아시아의 사상 오이환 지음, 200쪽, 7,000원
역사 속에 살아있는 중국 사상(中國歷史に生きる思想) 시게자와 도시로 지음, 이혜경 옮김, 272쪽, 10,000원
덕치, 인치, 법치 — 노자, 공자, 한비자의 정치 사상 신동준 지음, 488쪽, 20,000원
육경과 공자 인학 남상호 지음, 312쪽, 15,000원
리의 철학(中國哲學範疇精髓叢書—理) 張立文 주편, 안유경 옮김, 524쪽, 25,000원
기의 철학(中國哲學範疇精髓叢書—氣) 張立文 주편, 김교빈 외 옮김, 572쪽, 27,000원
동양 천문사상, 하늘의 역사 김일권 지음, 480쪽, 24,000원
동양 천문사상, 인간의 역사 김일권 지음, 544쪽, 27,000원
공부론 임수무 외 지음, 544쪽, 27,000원

역학총서

주역철학사(周易研究史) 廖名春·康學偉·梁韋弦 지음, 심경호 옮김, 944쪽, 30,000원
주역, 유가의 사상인가 도가의 사상인가(易傳與道家思想) 陳鼓應 지음, 최진석·김갑수·이석명 옮김, 366쪽, 10,000원
송재국 교수의 주역 풀이 송재국 지음, 380쪽, 10,000원

일본사상총서

일본 신도사(神道史) 무라오카 츠네츠구 지음, 박규태 옮김, 312쪽, 10,000원
도쿠가와 시대의 철학사상(德川思想小史) 미나모토 료엔 지음, 박규태·이용수 옮김, 260쪽, 8,500원
일본인은 왜 종교가 없다고 말하는가(日本人はなぜ 無宗教のか) 아마 도시마로 지음, 정형 옮김, 208쪽, 6,500원
일본사상이야기40(日本がわかる思想入門) 나가오 다케시 지음, 박규태 옮김, 312쪽, 9,500원
사상으로 보는 일본문화사(日本文化の歷史) 비토 마사히데 지음, 엄석인 옮김, 252쪽, 10,000원
일본도덕사상사(日本道德思想史) 이에나가 사부로 지음, 세키에 히데유키·윤종갑 옮김, 328쪽, 13,000원
천황의 나라 일본 — 일본의 역사와 천황제(天皇制と民衆) 고토 야스시 지음, 이남희 옮김, 312쪽, 13,000원
주자학과 근세일본사회(近世日本社會と宋學) 와타나베 히로시 지음, 박홍규 옮김, 304쪽, 16,000원

예술철학총서

중국철학과 예술정신 조민환 지음, 464쪽, 17,000원
풍류정신으로 보는 중국문학사 최병규 지음, 400쪽, 15,000원
율려와 동양사상 김병훈 지음, 272쪽, 15,000원
한국 고대 음악사상 한흥섭 지음, 392쪽, 20,000원

동양문화산책

공자와 노자, 그들은 물에서 무엇을 보았는가 사라 알란 지음, 오만종 옮김, 248쪽, 8,000원
주역산책(易學漫步) 朱伯崑 외 지음, 김학권 옮김, 260쪽, 7,800원
공자의 이름으로 죽은 여인들 田汝康 지음, 이재정 옮김, 248쪽, 7,500원
동양을 위하여, 동양을 넘어서 홍원식 외 지음, 264쪽, 8,000원
서원, 한국사상의 숨결을 찾아서 안동대학교 안동문화연구소 지음, 344쪽, 10,000원
녹차문화 홍차문화 츠노야마 사가에 지음, 서은미 옮김, 232쪽, 7,000원
거북의 비밀, 중국인의 우주와 신화 사라 알란 지음, 오만종 옮김, 296쪽, 9,000원
문학과 철학으로 떠나는 중국 문화 기행 양회석 지음, 256쪽, 8,000원
류짜이푸의 얼굴 찌푸리게 하는 25가지 인간유형 류짜이푸(劉再復) 지음, 이기면·문성자 옮김, 320쪽, 10,000원
안동 금계마을 — 천년불패의 땅 안동대학교 안동문화연구소 지음, 272쪽, 8,500원
안동 풍수 기행, 와혈의 땅과 인물 이완규 지음, 256쪽, 7,500원
안동 풍수 기행, 돌혈의 땅과 인물 이완규 지음, 328쪽, 9,500원
영양 주실마을 안동대학교 안동문화연구소 지음, 332쪽, 9,800원

예천 금당실·맛질 마을 — 정감록이 꼽은 길지 안동대학교 안동문화연구소 지음, 284쪽, 10,000원
터를 안고 뜻을 펴다 — 퇴계가 굽어보는 하계마을 안동대학교 안동문화연구소 지음, 360쪽, 13,000원
안동 가일 마을 — 풍산들가에 의연히 서다 안동대학교 안동문화연구소 지음, 344쪽, 13,000원
중국 속에 일떠서는 한민족 — 한겨레신문 차한필 기자의 중국 동포사회 리포트 차한필 지음, 336쪽, 15,000원
고려시대의 안동 안동시·안동대학교 안동문화연구소 편, 448쪽, 17,000원
신간도견문록 박진관 글·사진, 504쪽, 20,000원
안동 무실 마을 — 문헌의 향기로 남다 안동대학교 안동문화연구소 지음, 464쪽, 18,000원

민연총서 — 한국사상

자료와 해설, 한국의 철학사상 고려대 민족문화연구원 한국사상연구소 편, 880쪽, 34,000원
여헌 장현광의 학문 세계, 우주와 인간 고려대 민족문화연구원 한국사상연구소 편, 424쪽, 20,000원
퇴옹 성철의 깨달음과 수행 — 성철의 선사상과 불교사적 위치 조성택 편, 432쪽, 23,000원
여헌 장현광의 학문 세계 2, 자연과 인간 고려대 민족문화연구원 한국사상연구소 편, 432쪽, 25,000원

예문동양사상연구원총서

한국의 사상가 10人—원효 예문동양사상연구원/고영섭 편저, 572쪽, 23,000원
한국의 사상가 10人—의천 예문동양사상연구원/이병욱 편저, 464쪽, 20,000원
한국의 사상가 10人—지눌 예문동양사상연구원/이덕진 편저, 644쪽, 26,000원
한국의 사상가 10人—퇴계 이황 예문동양사상연구원/윤사순 편저, 464쪽, 20,000원
한국의 사상가 10人—남명 조식 예문동양사상연구원/오이환 편저, 576쪽, 23,000원
한국의 사상가 10人—율곡 이이 예문동양사상연구원/황의동 편저, 600쪽, 25,000원
한국의 사상가 10人—하곡 정제두 예문동양사상연구원/김교빈 편저, 432쪽, 22,000원
한국의 사상가 10人—다산 정약용 예문동양사상연구원/박홍식 편저, 572쪽, 29,000원
한국의 사상가 10人—혜강 최한기 예문동양사상연구원/김용헌 편저, 520쪽, 26,000원
한국의 사상가 10人—수운 최제우 예문동양사상연구원/오문환 편저, 464쪽, 23,000원